Foto: Lukas Beck

**ELISABETH HELLMICH**
geboren 1930 in Hamburg,
1956 Heirat, seit 1980 verwitwet, 3 Kinder, 8 Enkelkinder.
16 Jahre ausschließlich Haus- und Familienarbeit,
1990/91 Studium der Ernährungswissenschaften,
1991/92 Beginn des Soziologiestudiums mit
Fächerkombination Frauenforschung, Sozialgeschichte,
Soziolinguistik. Jänner 2002 Diplomprüfung.
Mai 2006 Promotion. Gründungsmitglied des
sozial-integrativen Vereins »Gemeinschaft B.R.O.T.«
Mitarbeit in feministischen, kirchlichen und
sozialpolitischen Gruppen. Lebt in Wien.

Elisabeth Hellmich

# FOREVER YOUNG?

Die Unsichtbarkeit alter Frauen
in der Gegenwartsgesellschaft

Milena Verlag

**Bibliografische Information Der Deutschen Bibliothek**
Die Deutsche Bibliothek verzeichnet diese Publikation in der
Deutschen Nationalbibliografie; detaillierte bibliografische Daten
sind im Internet über http://dnb.ddb.de abrufbar.

Druck und Bindung: Interpress, Budapest
© Milena Verlag 2007
© 2. Auflage Milena Verlag 2008
A-1080 Wien, Lange Gasse 51/10
www.milena-verlag.at
ALLE RECHTE VORBEHALTEN
ISBN 978-3-85286-152-4

In memoriam
Gerburg Treusch-Dieter
und
Evi Krobath

# Vor – Bild

Ammann

*„Du willst mit 60 in Pension gehen?*
*Wir sollen dich 340 Jahre lang erhalten?"*

Quelle: *Der Standard*

# Vor - Wort

»Die oberste, unsere Wahl und Neigung leitende Rücksicht ist das A l t e r. Im Ganzen lassen wir es gelten von den Jahren der eintretenden bis zu denen der aufhörenden Menstruation, geben jedoch der Periode vom achtzehnten bis achtundzwanzigsten Jahre entschieden den Vorzug. Außerhalb jener Jahre hingegen kann kein Weib uns reizen: ein altes, d.h. nicht mehr menstruirtes Weib erregt unsern Abscheu. Jugend ohne Schönheit hat immer noch Reiz; Schönheit ohne Jugend keinen. – Offenbar ist die hiebei uns unbewußt leitende Absicht die Möglichkeit der Zeugung überhaupt: daher verliert jedes Individuum an Reiz für das andere Geschlecht in dem Maaße, als es sich von der zur Zeugung oder zur Empfängniß tauglichsten Periode entfernt.«

Arthur Schopenhauer, Metaphysik der Geschlechtsliebe, 607f

# Inhaltsverzeichnis

**Einleitung** 11

**1. Ausgangsüberlegungen** 14
Persönliche Positionierung 14
Fragestellungen 16
Theoretische und methodische Positionierung 16
Zentrale Begriffe 17
  Alter 17
  Feminismus 20
  Patriarchat 21
  Sexismus 22
  Androzentrismus 22
  Geschlecht 23
  Geschlechtergerechtigkeit 25
Vorannahmen 26

**2. Alter und Geschlecht** 27
Mythos Alter: Zwischen Kompetenzen und Defiziten 27
Altersfeindlichkeit und/oder Ageismus 30
Alter und Frau – zwei Mythen? 32
Das Alter ist weiblich. Ist das Alter weiblich? 32
Die (Alters-)Armut ist weiblich 33
»Ich bin eine alte Frau.« 36
Nur Senioren? Sprache als Ausschlussverfahren 38
Vorsicht! Gefährliche Kreuzung! 40
Zusammenfassung 41

## 3. Alte Frau im Bild (Teil 1)      43

Von guten und von bösen alten Frauen      44
»Ein Handy für die Oma!«      51

## 4. Alte Frau im Bild (Teil 2)      55

Warum gerade Karikaturen?      56
Karikaturen: Ein eigenes Genre zwischen Kunst und
Journalismus      57
Zu Methode und Durchführung der Bildanalysen      58
Auswahl der Karikaturbeispiele      61
Ergebnisse der Bildanalysen      63
     K1 »Frauenpension«      64
     K2 »Euthanasie«      66
     K3 »Demokratie«      69
     K4 »Die jungen Alten«      72
     K5 »Aktives Alter«      74
Schlussdiskussion Karikaturen      77
Botschaften der Bilder im Hinblick auf das Thema
»Frau und Alter«      77
Die Darstellung alter Frauen in Verbindung mit aktuellen
sozialen und politischen Themen      78
Zusammenfassung »Alte Frau im Bild« (Teil 1 und Teil 2)      80

## 5. Feministisch alt werden? (Teil 1)      82

Die Interviews      84
Alter – Frau – Gesellschaft      85
Alter – Frau – individuell      90
Ich bin (k)eine Feministin      98
Geschlechtergerechte Sprache      104
Resümee Feminismus      105
Generationen      107
Alte Frauen im Feminismus      111
Zusammenfassung      113
Schlussdiskussion Interviews      114

## 6. Feministisch alt werden? (Teil 2) 120

Feministische Zeitschriften 120
Auswahl und Eingrenzungen 122
Ablauf der Untersuchung 124
Zusammenfassungen 127
Thema Frau und Alter: Vorkommen und Schwerpunkte 127
Zielgruppen 128
Buchrezensionen bzw. Buchhinweise 130
Bildmaterial 131
Klischees, Abwertungen alter Frauen und dgl. 131
Zusammenfassung der Ergebnisse 133
Methodische Reflexion 137
Schlussdiskussion feministische Zeitschriften 138

## 7. Wo steht der Feminismus heute? 140

Resümee zu »Feministisch alt werden?« 145
Rückblick und Ausblick 169
Postskriptum 151

Literatur 152
Anhang 159
Danksagungen 163

# Einleitung

Am Beginn stand die eigene Betroffenheit. Das Soziologiestudium hatte mich genaues Hinschauen gelehrt. Eines Tages, beim Anblick einer Pharma-Werbung, kam es zu einer Art »Initialzündung«. Ich habe die Abbildung einer (nicht wirklich) alten Frau und den dazugehörigen Text als Zumutung, als Frechheit empfunden (siehe Abb. unten). Ich war empört und verletzt. Und wusste plötzlich: Das ist kein Einzelfall. Ich hatte bis dahin schon viele mehr oder weniger befremdliche Darstellungen alter Frauen gesehen, sie aber nicht wirklich »wahr-genommen«. Nun habe ich mich gefragt: Sieht so das Bild alter Frauen aus? Und: Ich bin ja selber eine alte Frau. Was machen solche Klischees, Abwertungen, Unterstellungen mit mir? Wie kann ich darauf reagieren? Wie kommt es zu diesem diskriminierenden Umgang mit einer gar nicht kleinen Gruppe der Bevölkerung? Mein Interesse, meine Aufmerksamkeit waren geweckt. Doch wer teilte dieses Anliegen, diese Betroffenheit?

All diese offenen Fragen haben mich schließlich zum Thema meiner Dissertation geführt. Sie ließen mich meinen Forschungsschwerpunkt herausarbeiten, eine Art »Gretchenfrage«: Wie hält es »der« Feminismus mit »den« alten Frauen?

Das Ergebnis liegt nun als Buch vor. Damit möchte ich jedoch nicht nur die »scientific community« ansprechen. Ich stelle mir vor – und wünsche es mir sehr –, dass der Kreis der Interessierten weit darüber hinausgeht. Und so habe ich die Dissertation mit einem doppelten Ziel überarbeitet: Der Text möge auch ohne spezifische Fachkenntnisse gut lesbar sein, und der Anspruch einer wissenschaftlichen Arbeit soll dabei gewahrt bleiben. Die Überarbeitung hat sich vor allem auf die genaue Darstellung der empirischen Untersuchungen bezogen. Dort habe ich stark gekürzt, mich auf die Wiedergabe der Ergebnisse und das Aufzeigen von deren »Pointen« konzentriert. Was dabei ausgespart wurde, kann in der Dissertation nachgelesen werden.

Thematisch ist die Arbeit in zwei Teile gegliedert. Zunächst geht es darum, den aktuellen gesellschaftlichen und soziologischen Altersdiskurs darzustellen. Danach arbeite ich die besondere Bedeutung von Alter(n) für Frauen heraus. Damit wird die Basis bzw. eine Vergleichsmöglichkeit für die zentrale Frage meiner Arbeit geschaffen: Werden alte Frauen und deren Lebensumstände im Kontext des Feminismus anders – positiver? realistischer? kritischer? – wahrgenommen als in der Gegenwartsgesellschaft allgemein? Gibt es so etwas wie »feministisch alt werden«?

Die Ausgangsüberlegungen in Abschnitt 1 enthalten meine persönliche und theoretisch-methodische Positionierung. Darauf folgen die Diskussion der für meine Fragestellungen zentralen Begriffe sowie die Formulierung meiner Vorannahmen.

Die Abschnitte 2 und 3 umfassen den theoretischen Hauptteil dieser Arbeit. Unter 2 wird das Thema »Alter(n)« zunächst allgemein besprochen. Dabei werden unterschiedliche Alters-Konzepte vorgestellt und diskutiert. Weiters wird der Begriff »Ageism« eingeführt. Danach rückt die Realität von Alter(n) für Frauen in den

Mittelpunkt. Die Bedeutung von mehrfachen Diskriminierungen wird durch das Bild der »Gefährlichen Kreuzung« veranschaulicht. Diese Metapher bildet das für die weiteren Untersuchungen wesentliche theoretische Modell.

In Abschnitt 3 setze ich mich mit überlieferten »Bildern« alter Frauen bzw. mit den dabei transportierten Klischees und (Stereo-) Typen auseinander. Anschließend folgt eine Untersuchung aktueller Darstellungen von alten Frauen in Printmedien.

Die folgenden Abschnitte behandeln empirische Arbeiten. Zunächst sind es Bildanalysen, die sich mit Karikaturen alter Frauen auseinandersetzen (Abschnitt 4). Darauf folgt die Auswertung von Interviews mit Frauen im Alter von 56 bis 73 Jahren (Abschnitt 5) sowie die Analyse feministischer Zeitschriften (Abschnitt 6). Diesen Abschnitten sind kurze theoretische Einführungen in das jeweilige Untersuchungsgebiet vorangestellt.

Unter Punkt 7 findet sich zunächst ein Exkurs zur Frage nach dem aktuellen Standpunkt und Stellenwert des Feminismus. Vor diesem Hintergrund wird anschließend das Ergebnis meiner Untersuchungen mit meiner Forschungsfrage bzw. meinen Vorannahmen konfrontiert. Ein kurzer Rückblick und Ausblick stellt meine Arbeit in den Zusammenhang aktueller gesellschaftlicher und wissenschaftlicher Entwicklungen.

# 1. Ausgangsüberlegungen

## Persönliche Positionierung

In dieser Arbeit führe ich zwei Forschungsbereiche zusammen: die Alterssoziologie und die Soziologie der Geschlechterdifferenz. Meinen Untersuchungen liegt ein feministisch geleitetes Erkenntnisinteresse zu Grunde. Eine solche feministische Positionierung verstehe ich in Anlehnung an Christa Rohde-Dachser 1997, 56[1] wie folgt:

▶ Meine Position ist feministisch, insofern sie gesellschaftliche Phänomene prinzipiell unter der Perspektive der Geschlechterverhältnisse betrachtet und die Geschlechterdifferenz auch dort ausdrücklich thematisiert, wo es sich nach allgemein üblicher Sprachregelung um (scheinbar) geschlechtsneutrale Bereiche handelt.

▶ Meine Position ist feministisch, weil ich sie auf Grund persönlicher Erfahrung aus einer bewusst frauenzentrierten Sicht einnehme.

▶ Meine Position ist feministisch, weil sie die Konstruktion der Geschlechterverhältnisse in allen gesellschaftlich relevanten Bereichen, insbesondere in der Sprache, in den Medien und in der Wissenschaft ideologiekritisch durchleuchtet, d.h. auf offenen und latenten Androzentrismus und/oder Sexismus hin untersucht.

Auch meiner Beschäftigung mit dem Thema »Alter« liegen eigene Erfahrungen zu Grunde. Als nicht mehr ältere, sondern als tatsächlich alte Frau nehme ich den gesellschaftlichen, vor allem auch über die Medien vermittelten Diskurs zu Fragen des Alter(n)s und den Folgen der größer werdenden Zahl alter Men-

---

1 Meine Zitierungen führen (nur) bei der ersten Nennung von Autorinnen und Autoren immer auch die Vornamen an. Damit möchte ich den großen Anteil von Frauen sichtbar machen, auf deren Arbeiten und Schreiben ich meine Untersuchungen aufbauen kann.

schen sehr persönlich. Die Auswirkungen erlebe ich gewissermaßen ständig am eigenen Leib und in meiner Geldtasche.

Zu meiner persönlichen Ausgangslage gehört auch die Tatsache, dass ich einer Generation angehöre, welche die NS-Zeit, den zweiten Weltkrieg und die Nachkriegszeit bewusst erlebt hat. Für den Aufbruch der 1968er Generation war ich (Geburtsjahrgang 1930) allerdings bereits zu alt. Ein Slogan damals lautete: »Traue keinem (!) über dreißig!« Die Gedanken der Frauenbewegung, des Feminismus haben mir erst wesentlich später den Anstoß gegeben, mein Leben als Frau zu überdenken und so gut wie möglich neu auszurichten.

Meine Generationszugehörigkeit ist im Rahmen dieser Arbeit insbesondere dort zu bedenken, wo es um die Deutung von Symbolen, von Metaphern, um unterschwellige Bedeutungen und um die Auflösung von sprachlichen und optischen »Codes« geht. Der Grundbestand an kulturellem Grundwissen, welcher eine wesentliche Basis für das gemeinsame symbolische System einer Gesellschaft darstellt, hat sich in den Jahrzehnten meines Lebens in Vielem verändert. Dies hat sich beispielsweise bei der Durchführung von Bild-Text-Analysen gezeigt. Im Abschnitt 4 werden Karikaturen untersucht, auf denen alte Frauen dargestellt sind. Nicht alle meine Assoziationen und Deutungen werden für jüngere Menschen nachvollziehbar sein. Daher war es auch wichtig, dass junge Kolleginnen meine Analysen kontrollierten. Sie haben mich auf manches Nicht-Wissen in Bezug auf aktuelle Kontexte aufmerksam gemacht und entsprechende Ergänzungen eingebracht. Andererseits: Meine Betroffenheit durch die Aussagen dieser Bilder konnten sie zum Teil erst nach entsprechenden Erklärungen verstehen.

Ich schreibe dieses Buch also mit den persönlichen Erfahrungen einer alten Frau, welche einem privilegierten weißen, westlichen, bildungsbürgerlichen Milieu entstammt und sowohl als Feministin wie auch als Studierende zu den »spät Berufenen« gehört.

## Fragestellungen

Am Beginn meiner Arbeit stand die folgende Ausgangsthese:
Alte Frauen sind in der Gegenwartsgesellschaft weitgehend unsichtbar oder werden in klischeehafter, nicht realitätsgerechter
und oft abwertender Weise dargestellt.
Das Ziel meiner Forschung war die Klärung der nachstehenden
Fragen:
Wie werden alte Frauen in feministisch geprägten Zusammenhängen wahrgenommen und dargestellt?
Werden ihre Lebensrealitäten und speziellen Probleme angemessen und differenziert behandelt?
Finden alte Frauen im Rahmen feministischen Engagements so
etwas wie eine »Lobby«, etwa vergleichbar dem Eintreten für les-
bisch orientierte Frauen?
Zeigt sich also im feministischen Bereich ein Unterschied gegenüber der allgemein wahrnehmbaren Alter(n)s-Diskussion in der
westlichen Gegenwartsgesellschaft?

## Theoretische und methodische Positionierung

Mit meinem Forschungsansatz bewege ich mich im Rahmen des
Paradigmas der verstehenden Soziologie sowie der Methodologie
der qualitativen Sozialforschung. Den Ausgangspunkt der Überlegungen bildet eine von mir wahrgenommene gesellschaftliche
Problemstellung, nämlich das Verhältnis zwischen den sozial relevanten Phänomenen Alter, (weibliches) Geschlecht sowie Feminismus (vgl. Andreas Witzel 1982, 67).
An meine Fragestellungen bin ich mit unterschiedlichen empirischen Verfahren herangegangen. Es handelt sich um Bildanalysen
(Abschnitt 4), Interviews (Abschnitt 5) und die Untersuchung von
Zeitschriften (Abschnitt 6). Ohne vorherige Festlegung auf eine
bestimmte Anzahl hat sich in jedem der drei genannten Bereiche
die Bearbeitung von fünf Einzelfällen ergeben. Nach Vorliegen
der Ergebnisse war jeweils eine »Sättigung« im Hinblick auf die
inhaltliche Ebene erreicht, die für meine Untersuchungen rele-

vanten Felder und Themen waren abgedeckt (vgl. Barney G. Glaser, Anselm L. Strauss, 1998, 117ff).

## Zentrale Begriffe

Ausgehend von den oben angeführten Fragestellungen lassen sich die zentralen Begriffe meiner Arbeit festhalten. Es sind dies Alter, Feminismus, Frau bzw. (weibliches) Geschlecht sowie Geschlechtergerechtigkeit. Alle diese Themen werden sowohl in der gesellschaftlichen Öffentlichkeit als auch im wissenschaftlichen Diskurs vielfältig und oft gegensätzlich diskutiert. Daher halte ich zu Beginn meiner Arbeit eine zumindest vorläufige Einkreisung dieser Begriffe für notwendig.

► **ALTER**

»Das Alter gibt es nicht.« (Annette Niederfranke 1999a, 7)
»Alter ist heute … eines der meist besprochenen Themen.« (Gerd Göckenjan 2000, 9)
»Der Altersdiskurs ist ein Moraldiskurs.« (ebd. 25)
»Alter ist nicht allein das Ergebnis eines physischen Prozesses, sondern auch das Ergebnis eines kulturellen Konstruktionsprozesses. (…) Einen allgemeinen Begriff des Alters zu unterstellen, erscheint nicht sinnvoll.« (Christoph Wulf 1996, 42f)

Diese wenigen Sätze – aus den jeweiligen Zusammenhängen gerissen – deuten an, wie unterschiedlich die Zugänge zum Thema »Alter« sind und wie umfangreich dieser Begriff diskutiert werden kann und muss. Im Sinne einer ersten Klärung fasse ich zunächst einige wichtige Bestimmungen, Einteilungen bzw. verschiedene Zugangsweisen (auf Menschen bezogen) zusammen.
Alter ist zunächst eine Angabe in Zahlen. Insofern wird auch vom numerischen, vom kalendarischen oder chronologischen Alter gesprochen. Dazu kommt der Begriff des biologischen Alters. Er bezeichnet den jeweiligen Grad des körperlich-seelischen Entwicklungsstandes. Das soziale Alter hingegen spricht von gesellschaft-

lichen Übereinkünften bezüglich der Bezeichnung und Bewertung verschiedener aufeinander folgender Lebensphasen. All dies kann auf die gesamte menschliche Lebensspanne bezogen werden. Auch die Erfahrung, für etwas »zu jung« oder »zu alt« zu sein, ist in nahezu jedem Alter möglich.

Anders stellt sich die Situation dar, wenn nicht vom Alter, sondern vom Altern die Rede ist. Hier kommen unterschiedlich bezeichnete Gruppen wie die »Alternden«, die »Älteren« oder auch die »SeniorInnen«, die »GreisInnen«, die »Hochaltrigen« und die »Langlebigen« ins Blickfeld. Nicht alle Menschen altern zu allen Zeiten auf gleiche Weise. Die Grundlage für den Ablauf des Alterns bilden biologische Alternsmuster. Sie werden variiert durch den Prozess des individuellen Alterns. Genetische Grundlagen bestimmen ihn ebenso wie die jeweilige Lebensführung. Diese wiederum ist wesentlich beeinflusst von sozialen Komponenten. Weiters wirken sich auf das Alt-Werden von Menschen auch Effekte der jeweiligen Generationen und Epochen aus. Jede Generation altert anders (nach Leopold Rosenmayr 2002).

»In unseren Gesellschaften ist die Zeit die zentrale Bedingung des Lebens.« (Wulf 1996, 50). Und im Mittelpunkt des Alterns steht gerade die Zeit. Darüber hinaus verbindet und trennt sie die verschiedenen Generationen (ebd. 43). Mit dem Begriff »Generation« ist nur einer der vielen sozialen Bezüge benannt, die vom Thema Alter(n) betroffen sind, und zugleich auch einer der zentralen Punkte. In ihm bündeln sich Fragen der Solidarität und der Konkurrenz, der Veränderung und der Kontinuität, Politisches und Privates. Auch Göckenjans Hinweis auf einen »Moraldiskurs« bezieht sich auf Fragen der Generationen (s.o.).

Die folgenden Aussagen umreißen einige Zugänge, die für meine Arbeit von besonderer Bedeutung sind: »Altern ist schon seinem allgemeinen Ablauf nach kein rein biologischer, aber auch kein rein psychologischer Prozess; es ist (…) daneben auch sozial und kulturell beeinflusst. Alter ist primär eine ›soziale Kategorie‹ …« (Niederfranke 1999b, 16), »›Alter‹ ist eine zentrale Kategorie in der Bewertung von Situationen, Menschen und Ereignissen.

Diese Kategorie erhält jedoch ihre jeweilige Bedeutung erst durch eben diese Situationen, Menschen und Ereignisse« (ebd. 15). Die wesentliche Bedeutung dieser Aussage liegt im Hinweis auf die Selbstreflexivität und die Vielschichtigkeit der sozialen Kategorie »Alter«. Eine weitere Variation dieses Ansatzes: Es erscheint »angemessen, statt von der ›Lebensphase Alter‹ besser von den Lebensphasen im Alter und von unterschiedlichen Lebenslagen und Lebenswelten im Alter zu sprechen. Im Grunde bestimmen physische, psychische, soziale und gesellschaftliche Alternsprozesse diese Lebensphase; statt vom kalendarischen Alter ist vom konstitutionellen Alter auszugehen.« (Gertrude Backes/Wolfgang Clemens 1998, 307).

Wer derzeit über das Alter, über das Altern redet oder schreibt, liegt »im Trend«. »Was ist Altern heute? Und was begründet die aktuelle Bedeutung und Popularität der Thematik? Wirklich neu ist die Tatsache, dass heute die Mehrzahl der Menschen in den westlichen Industrieländern die ihr biologisch zur Verfügung stehende Lebenszeit auch tatsächlich weitgehend ausschöpft und hochbetagt stirbt.« (Niederfranke 1999a, 7). Alter(n) weist also neue Aspekte auf. Sofern diese als problematisch wahrgenommen werden und zu sozialen Spannungen führen, handelt es sich um Probleme, die von der Gesellschaft selbst bzw. von gesellschaftlichen Entwicklungen hervorgebracht sind. Generationenvertrag, Generationenkonflikte, Finanzierung der Pensionen, Fragen der Betreuung alter Menschen sind nur einige der aktuellen Themen, welche in Politik und Medien, aber auch in privaten Zusammenhängen immer wieder aufgegriffen und abgehandelt werden.

Allerdings: »Der Altersdiskurs ist ein Moraldiskurs. Formuliert werden Codes der Alterserwartungen, in denen … Alter immer wieder konstruiert, Verpflichtungen erinnert, Erwartungen modifiziert, kontinuierlich Zeitdeutungen produziert werden.« (Göckenjan 2000, 25).

Hier versuche ich eine erste Zusammenfassung:
Alter ist eine Zahlenangabe.
Alter ist ein physisch-psychischer Prozess.

Alter ist eine soziale Kategorie.
Alter wird konstruiert und konstituiert.
Alter ist ein Moraldiskurs.

Diese Aufstellung ist sehr fragmentarisch, beispielsweise enthält sie keine Hinweise auf historische Entwicklungen. Die Unabgeschlossenheit gerade des Alter(n)s-Diskurses wird im Verlauf dieser Arbeit immer wieder deutlich werden. Im Hinblick auf meine Fragestellungen werden jene Bereiche, die die Bedeutung von Alter/n für Frauen betreffen, breiter diskutiert als andere Aspekte.

## ▶ FEMINISMUS

Da ich bei meiner Forschungsarbeit von einem feministischen Blickwinkel ausgehe, müssen auch der Begriff des Feminismus sowie zusätzlich einige zentrale »Vokabeln« des feministischen Diskurses näher bestimmt werden.

Feminismus ist einerseits die politische Theorie der (zweiten) Frauenbewegung, andererseits bezeichnet das Wort sowohl die »praktische« als auch die theoretische Seite der zweiten Frauenbewegung (nach Herta Nagl-Docekal, 1998).

Eine andere Formulierung: »Feminismus und Frauenbewegung ist kein Synonym. Feminismus ist die Erkenntnis, die Frauenbewegung wird von Feministinnen getragen.« (Eva Geber 2002).

Cornelia Klinger stellt fest, dass »sich der Feminismus bis heute im Wesentlichen in einer Einheit sowohl mit anderen Emanzipationstheorien als auch mit anderen Befreiungstheorien begreift (…) Und doch sind Einheit und Übereinstimmung des Feminismus mit anderen Befreiungsbewegungen bzw. ihren Theorien außerordentlich problematisch.« Klinger verortet die Entstehung des »neuen Feminismus« in der Tatsache, dass im Rahmen der anderen sozialen Bewegungen die »Frauenfrage« weder »hinreichend reflektiert noch praktisch gelöst worden« ist. In der »Ungebrochenheit patriarchaler Denk- und Verhaltensweisen« sieht die Autorin den »Kristallisationspunkt (…) von dem her nicht nur die zweite Frauenbewegung als autonome soziale Bewegung ihren

Ausgang genommen hat«, sondern auch eine »eigenständige feministische Theorie.« (Klinger 1991).

Festzuhalten ist noch die Tatsache, dass es »den« Feminismus nicht gibt. Die zweite Frauenbewegung hat sich in den mehr als drei Jahrzehnten seit ihrer Entstehung in unterschiedlichen Kontexten stark verändert und ausdifferenziert. Ein wesentlicher Punkt ist die Frage von Differenz und/oder Gleichheit (in Bezug auf Frauen und Männer). Diese beiden theoretischen Ansätze werden teils als Gegensätze gesehen, teils auch miteinander verbunden. Weiters ist zu bedenken, dass feministische Theorie und Praxis sich zunächst in privilegierten westlichen Milieus entwickelt haben. In anderen regionalen, sozialen oder ethnischen Lebenszusammenhängen stellen Frauen häufig andere Fragen, setzen andere Prioritäten und entwickeln eigene Strategien.

Im Anschluss an die Diskussion von »Feminismus« muss auf einige weitere Begriffe näher eingegangen werden.

## ▶ PATRIARCHAT

In der traditionellen Bedeutung wird damit eine Gesellschaftsform bezeichnet, in der der Mann eine bevorzugte Stellung in Staat und Familie innehat und in der die männliche Linie bei Erbfolge und sozialer Stellung ausschlaggebend ist (vgl. Duden. Das Fremdwörterbuch. Mannheim 1982, 572).

Heutige (feministische) Definitionen setzen darüber hinaus andere Schwerpunkte. In diesem Zusammenhang bezeichnet dieser Begriff zunächst die Herrschaft von Männern über Frauen (und Kinder). Weiters dient er als umfassende Bezeichnung von Gesellschaften, die durch das Zusammenwirken von Rassismus, Klassismus, Sexismus, Militarismus, Naturausbeutung und durch weitere Gewaltaspekte gekennzeichnet sind.

»Patriarchat« war und ist ein zentraler Kampfbegriff der zweiten Frauenbewegung. Zahlreiche patriarchale Strukturen und Verhaltensweisen bestehen bis heute weiter, die Kritik daran ist bisher nicht überflüssig geworden. Allerdings wird der Begriff manchmal wenig differenziert verwendet. Leicht wird übersehen, dass Frauen häufig ebenfalls Vertreterinnen »des Patriarchats« sind und – in unterschiedlichen Zusammenhängen – nicht nur zu dessen Opfern, sondern auch zu dessen Nutznießerinnen und Unterstützerinnen gehören.

## ▶ SEXISMUS

Der Begriff ist dem des Rassismus nachgebildet. Er meint die Diskriminierung und Unterdrückung auf Grund des Geschlechts. Ursprünglich auf Missachtung und Unterdrückung von Frauen durch Männer angewendet, wurde seine Bedeutung unterdessen erweitert auf die Diskriminierung auf Grund der sexuellen Orientierung (z. T. nach Annemarie Lissner et al., Freiburg 1988).
Der Ausdruck »sexistisch« kann sich (beispielsweise) beziehen
▶ auf das Festlegen von Menschen auf biologistisch begründete Geschlechtsrollen;
▶ auf ein methodisches Vorgehen, das Frauen unsichtbar macht (etwa durch Sprache), ihre Lebensrealität(en) verschleiert, ihre Leistungen oder ihre Probleme missachtet;
▶ auf die herabwürdigende Darstellung von Frauen in den Medien, in Witzen und dergleichen;
▶ auf die Umdeutung von Täter- und Opfer-Rollen, beispielsweise bei Vergewaltigungsprozessen.
Sexismus zu überwinden würde bedeuten, dass Frauen und Männer sich jenseits von Geschlechterstereotypen als Individuen begegnen können. Das setzt voraus, dass Sexismus-Analysen von Frauen Beachtung finden.
Von Sexismus zu unterscheiden, doch mit ihm verbunden ist

## ▶ ANDROZENTRISMUS

Der Begriff bezeichnet eine Haltung der Männerzentriertheit, welche den Mann/das Männliche zur Norm, zum Maßstab erhebt. Der Mann ist von daher das Maß, die Verkörperung alles Menschlichen. Die Frau/das Weibliche ist dem gegenüber das »Andere«, die Abweichung von der Norm. Frauen bzw. Weiblichkeit werden nur in Bezug auf männliche Normen und Maßstäbe definiert. Ein deutliches Beispiel dafür: Frauen werden häufig in grammatikalisch männlichen Ausdrücken »mitgemeint«. Wenn Frauen ausdrücklich bezeichnet werden sollen, so müssen die Wörter dafür (von Ausnahmen abgesehen) aus der männlichen Form abgeleitet werden, z. B. Lehrer – Lehrerin. Androzentrismus wird jedoch auch wirksam in der kulturellen Überlieferung, etwa bei der Geschichtsschreibung. Ebenso zeigt er sich bei der »Geschlechterblindheit« von Gesetzestexten, in der Definition von »Arbeit« ausschließlich als Erwerbsarbeit und in vielen anderen Bereichen gesellschaftlichen Lebens.

Aus dem bislang Angeführten ergibt sich die Notwendigkeit der Bestimmung eines weiteren Begriffes, nämlich

▶   **GESCHLECHT**

Bei der Diskussion des Begriffes »Geschlecht« hat sich die Unterscheidung von »Sex« und »Gender« weitgehend durchgesetzt. Die deutschen Bezeichnungen »biologisches Geschlecht« und »soziales Geschlecht« entsprechen dem nicht in vollem Umfang. Trotz mancher Einwände ist jedoch das Begriffspaar »sex/gender« ein »geeignetes Instrument, um herauszuarbeiten, daß gesellschaftliche Normen von leiblichen Bedingungen zu unterscheiden sind, auch wenn sie buchstäblich einverleibt sind« (Nagl-Docekal 1999, 67). Bei einem Vortrag an der Universität Wien ist Andrea Maiwald (Universität Basel) von dem Begriffspaar sex/gender ausgegangen, um die Vorstellung von »doing gender« zu erläutern. Darunter ist ein »ständiger performativer Akt« zu verstehen, in dem »Geschlecht« in der alltäglichen Interaktion immer wieder »hergestellt« wird. In unserer Gesellschaft sind wir als Subjekte dazu gezwungen, uns als Frauen oder Männer zu verhalten. Maiwald kommt zu dem Schluss, dass das soziale Geschlecht (gender) die Vorstellungen von sex (biologischem Geschlecht) bewirkt. Ursprünglich war ein Zusammenhang in die andere Richtung angenommen worden (Maiwald 2002).

Ich halte diese letzten (verkürzt wiedergegebenen) Überlegungen für mein Forschungsthema vor allem im Hinblick auf das Spannungsfeld Alter und Weiblichkeit für wichtig. Die Frage, ob Frauen jenseits der Reproduktionsphase noch »richtige Frauen« sind, wird sich als ein wesentlicher Punkt bei meiner Diskussion von »Unsichtbarkeit« alter Frauen herausstellen (siehe Abschnitt 2).

Außerhalb der biologischen Unterscheidungen sind laut Sandra Harding (1990) im Begriff »Geschlecht« drei miteinander verbundene Aspekte enthalten. Geschlecht ist demnach
▶ eine grundlegende Kategorie der Zuschreibung von Bedeutung,
▶ eine Weise der Organisation gesellschaftlicher Verhältnisse und
▶ dient der Strukturierung persönlicher Identität
(nach Frigga Haug 2003).

Die Breite der aktuellen Diskussion zeigt auch das folgende Zitat auf, das einer Arbeit über die Konstruktion von Heterosexualität entnommen ist:
»Geschlecht ist keine Eigenschaft von Personen, Körpern oder Körperteilen, sondern eine kulturelle Konstruktion, die mit diskursiven und nichtdiskursiven Mitteln ständig reproduziert werden muss.« (Irena Sgier 1994, 21).
Die Diskussion über die Bedeutung der Kategorie »Geschlecht« ist allerdings auch nicht neu. Der grundlegende Aufsatz »Die Polarisierung der Geschlechtscharaktere« von Karin Hausen stammt aus dem Jahr 1976 – er wird bis heute zitiert und aufgegriffen. Die Auseinandersetzung mit dieser Thematik hat durchaus neue Impulse zu erwarten aus den Bereichen der Gen- und Reproduktionswissenschaften.
Da in meiner Arbeit häufig von Benachteiligungen auf Grund der Zugehörigkeit zum weiblichen Geschlecht die Rede sein wird, insbesondere auch in Zitaten, ist die Diskussion eines weiteren Begriffs nötig. Das ist die Frage der (fehlenden)

## ▶ GESCHLECHTERGERECHTIGKEIT

Auch wenn Frauen formalrechtlich Männern weitgehend gleichgestellt sind, ergeben sich schwerwiegende Probleme durch den Unterschied zwischen »de jure« und »de facto«. Frauen können die ihnen zustehenden Rechte häufig nicht in ihre Lebensrealität umsetzen. Die Gründe dafür liegen u.a. im Fortdauern der geschlechtsspezifischen Arbeitsteilung, in der »Geschlechterblindheit« von Gesetzesformulierungen, beim männlich definierten Begriff von Arbeit, aber auch im Fortdauern biologistischer Vorstellungen bezüglich der Geschlechterdifferenz. Der geringe Frauenanteil in öffentlichen Bereichen, vor allem auch in der Politik bzw. der Gesetzgebung, verhindert häufig, dass Probleme als bedeutsam wahrgenommen werden, die die Lebensrealität von Frauen betreffen. Weiters fehlt das Bewusstsein dafür, dass der häufig unreflektierte Sexismus analog zu sehen ist zu Rassismus und so wie dieser die ganze Gesellschaft angeht – und nicht nur die jeweils Betroffenen.

Unabhängig von oft großen individuellen Unterschieden ist die Situation von Frauen generell gekennzeichnet durch

▶ Asymmetrien, Chancenungleichheit, Benachteiligungen in privaten und öffentlichen Bereichen;
▶ Marginalisierung, d.h. ein Wahrgenommenwerden als »Randgruppe«, als »Minderheit« (und daraus folgender Nicht-Wahrnehmung) trotz der Tatsache, dass Frauen (zumindest) die Hälfte der Bevölkerung ausmachen;
▶ Diskriminierung, Abwertung, offenen oder versteckten Sexismus.

Mit Geschlechtergerechtigkeit wird mehr gemeint als Verteilungsgerechtigkeit. Es geht ebenso um das Recht der Mitbestimmung auf allen Ebenen und um gleiche Chancen, den jeweils eigenen Lebensentwurf umzusetzen. Frauenrechte sind zu verstehen als

Menschenrechte, welche ihrerseits wieder »work in progress« sind; auch deren Formulierung bedarf der Ergänzung im Hinblick auf Geschlechtergerechtigkeit.

**Vorannahmen**

Auf Grund meiner bisherigen – unsystematischen – Beobachtungen und Erfahrungen erwarte ich, dass es bei der Wahrnehmung und Darstellung alter Frauen im Kontext des Feminismus keine wesentlichen Unterschiede gegenüber dem gesamtgesellschaftlichen Umfeld gibt.

## 2. Alter und Geschlecht

### Mythos Alter: Zwischen Kompetenzen und Defiziten

Den Begriff »Mythos« verwende ich hier im Sinne von »Alltags-
mythen«, von unreflektiert tradierten Vorstellungen und Vorurteilen, die sich zu Klischees und Stereotypen verfestig(t)en. Die
Überschrift dieses Abschnitts bezieht sich auf den deutschen Titel
eines Buches von Betty Friedan, nämlich »Mythos Alter«. Es ist
1993 unter dem Titel »The Fountain of Age« in den USA und 1997
in deutscher Sprache erschienen.
In ihrem Buch kritisiert die US-amerikanische Autorin den gesellschaftlichen Umgang mit dem Thema »Alter«, nämlich die einsei-
tig negative Wahrnehmung bzw. mediale Darstellung alter Menschen. Als »Altersmythos« bezeichnet sie sowohl die Selbst- als
auch die Fremdwahrnehmung des Alter(n)s vor dem Hintergrund
der Hochstilisierung von Jugendlichkeit, Fitness und Schönheit.
Friedan sucht und findet »neue Möglichkeiten vitalen Alterns«
(441ff) sowie zahlreiche Menschen, die ihr als Beispiele dafür dienen. Ihre These lautet: »Die extreme Variabilität im Alter (…) be-
weist eindeutig, dass der Individuationsprozeß (…) unsere dritte
Lebensphase auf einmalige Art und Weise prägt – es sei denn, wir
erliegen der sich selbst erfüllenden Prophezeiung vom Alter als
einer Zeit des Verfalls und der Verzweiflung, weil wir stagnieren
und das Älterwerden verleugnen.« (147f).

Friedans Ausführungen verdeutlichen das so genannte »Kompetenz-Modell« bzw. »Kompensationsmodell« des Alters. Dieser
Diskurs ist gekennzeichnet durch Schlagworte wie »die neuen
Alten«, »Produktivität« oder »Generativität« im Alter. Tatsächlich
hat sich sowohl die Lebensrealität als auch das Bild alter Menschen in den letzten Jahrzehnten entscheidend ausdifferenziert.
Ein gängiger Ausdruck für diesen Prozess lautet »Strukturwandel
des Alters«. Dessen Ursachen liegen vor allem in der Zunahme des
Anteils alter Menschen an der Bevölkerung. Dazu kommen Ver-

änderungen im Arbeitsleben, Veränderungen in den Familienstrukturen und bei der Rollenverteilung zwischen den Geschlechtern sowie in verbesserten medizinischen Möglichkeiten. Viele Menschen in westlichen Gesellschaften haben in einer verlängerten, in zumindest relativer Gesundheit verbrachten Phase des »Ruhestandes« neue Chancen der Lebensgestaltung.

Im Bereich der deutschsprachigen Altersforschung wurde nicht nur die mit dem Alter mögliche »Späte Freiheit« (Rosenmayr 1983) thematisiert. Margaret Baltes verweist auf ein Modell des »erfolgreichen Alters« (nach Baltes 1996, 405). Erhard Olbrich befasst sich mit dem »Edelboom« der Langlebigkeit und der »Persönlichkeitsentwicklung im Alter« als Grundlage einer »neuen Altenkultur« (Olbrich 1996, 58ff). Alle diese AutorInnen stellen klar, dass die Chancen für ein »gutes Leben« im Alter innerhalb der Gesellschaft ungleich verteilt sind. Sie hängen vor allem von den jeweiligen ökonomischen und sozialen Rahmenbedingungen der Individuen ab. Und auch Friedan warnt vor einem Gegenmythos, der vorgibt, das Alter sei keine Krise, sondern vor allem eine »Chance zur persönlichen Weiterentwicklung« (198f).

Mir scheint darüber hinaus ein weiterer Gedanke wichtig. Gertrude Backes hat darauf verwiesen, dass hinter dem Betonen der Ressourcen und Potentiale des Alters auch die Frage stehen könnte: Was bringen die alt(ernd)en Menschen der Gesellschaft noch? Letztlich wäre unter einer solchen »positiven« Einstellung doch auch wieder Altersfeindlichkeit verborgen (Backes 2004). Notwendig und offenbar noch ausständig sind »der Lebensrealität – und das heißt im Wesentlichen der Lebenslage – des Alters und des Alterns angemessene, sozialstrukturell hinreichend differenzierte soziologische Analysen«. Ihnen käme »eine vordringliche ideologiekritische Funktion« zu – gegenüber jenen Untersuchungen, die sich auf die »aktiven und ›erfolgreichen‹ Seiten des Alter(n)s« konzentrieren (Backes/Clemens 2002,14).

Auch ich stehe dem starken Betonen all der Möglichkeiten, die alt(ernd)e Menschen offenbar nur wahrzunehmen brauchen, mit Skepsis gegenüber. Die Erwartung, dass alte Menschen mehr oder weniger lang gut »funktionieren«, übt auf diese oft einen nicht geringen Druck aus. Eine Verbesserung des weithin negativen Bildes sowie der tatsächlichen Lebensumstände und Möglichkeiten alter Menschen sollte nicht ein Anforderungsprofil hervorrufen, dem viele von ihnen gar nicht, manche oft nur schwer und vor allem nicht immer entsprechen können (und vielleicht auch nicht wollen).

Dem Kompetenzmodell steht als eine Art Gegenpol ein anderes Modell gegenüber, ein anderer »Mythos«, nämlich das »Defizitmodell«.

Meine erste gewissermaßen »historische« Basislektüre für diese Arbeit war »Das Alter« von Simone de Beauvoir (1970 bzw. deutsch 1972/2000). Dieses Werk hat bis heute nicht an Aktualität eingebüßt, nach wie vor wird – auch in gegenwärtigen Untersuchungen – darauf rekurriert. Etwa Göckenjan: »›Die Alten‹ sind bei Beauvoir Synonym für alle Ungerechtigkeit der Welt. Und die Alten in ihre Rechte zu setzen wäre bester Grund für Revolutionen. Die Forderung, dass Menschen im Alter Menschen bleiben müssen, würde eine radikale Umwälzung implizieren. Und so ruft sie (Beauvoir, EH.) ihre Leser auf, mit dazu beizutragen, diese ›Verschwörung des Schweigens‹ zu brechen, wie sie immer zum Kampf gegen Klassenherrschaft und Kolonialismus aufgerufen hat.« (Göckenjan 2000, 11f). Unter der Überschrift »Hoffnungsloser Skeptizismus« zitiert sie auch Eva Birkenstock: »Nun, das Alter ist eine Zeit allgemeiner Frustration; es erzeugt unklare Ressentiments …« (Birkenstock 2000, 55f). Beauvoir konstatiert gewisse Parallelen in der Lage von Kindern und alten Menschen, sieht jedoch einen entscheidenden Unterschied: Das Kind stellt für die Gesellschaft ein »künftiges Aktivum« dar, so dass sich Investitionen rentieren, während der alte Mensch aus diesem Blickwinkel »nur ein Toter auf Abruf ist« (278f).

Hier wird ein öffentlicher Diskurs dargestellt, in dem Altsein vorwiegend durch negative Vorstellungen bestimmt ist. Aktuell stehen dabei die demographischen Veränderungen unter Schlagworten wie »Alterslast« oder »Überalterung« der Gesellschaft im Vordergrund. Auf der Ebene der Individuen werden nach wie vor altersbedingte Abbauerscheinungen betont. Die Tatsache, dass Testergebnisse, die die Defizite alter Menschen bestätigen, häufig durch die Testbedingungen beeinflusst sind, ist dabei im allgemeinen Bewusstsein kaum gegenwärtig. Bei Vergleichen zwischen den Generationen wurden etwa die unterschiedlichen Bildungsvoraussetzungen nicht genügend berücksichtigt. Wenn die Gegenwartsgesellschaft (noch) als eine »Arbeitsgesellschaft« zu verstehen ist, so werden diskriminierende Altersstereotype auch in diesem Zusammenhang durch den herrschenden Arbeitsbegriff hervorgerufen. Arbeit wird immer noch so gut wie ausschließlich als ursprünglich rein männliche Erwerbsarbeit verstanden. Dadurch gerät der gesamte Bereich der unbezahlten Tätigkeiten aus dem Blick. Dieser umfasst insbesondere all jene gesellschaftlich notwendige Arbeit, die vorwiegend von Frauen geleistet wird, und zwar auch im Alter. Selbst- und Fremdwahrnehmung alternder und alter Menschen verstärken sich gegenseitig im Rahmen eines Diskurses, der die negativen Seiten von Altern und Alt-Sein betont.

Defizit- und Kompetenzmodell: Zwei anschauliche Beispiele für »Codes der Alterserwartungen« (Göckenjan 25) und für Variationen der Konstruktion von Alter. Vielleicht also nicht nur »doing gender«, sonder auch »doing age«? Und könnten diese beiden Begriffe sogar zusammenhängen? Dieses Thema wird noch weiter zu verfolgen sein. Zunächst jedoch greife ich den Begriff »Altersfeindlichkeit« auf, den Backes verwendet hat (s.o.). Er geht über den Inhalt eines »Defizitmodells« von Alter(n) hinaus.

## Altersfeindlichkeit und/oder Ageismus

Offenbar ist es schwierig, das Wort »Alter«, die Bezeichnung »alt« zu verwenden. Weshalb legt es der allgemeine Sprachgebrauch nahe, auf Bezeichnungen wie »älter«, »SeniorInnen«, »bejahrt« oder »betagt«, auf »dritte Lebensphase«, »Ruhestand« und ähnliche Beschönigungen auszuweichen? Ich sehe in solchen Vermeidungsstrategien durchaus einen Ausdruck von Altersfeindlichkeit. Worin besteht Altersfeindlichkeit? Wenn »Alter« ein vorwiegend negativ besetzter Begriff ist, so führt dies zur Stigmatisierung des Prozesses Altern und der davon betroffenen Gruppe alter Menschen (nach Undine Kramer 2003, 258). Als Bezeichnung für diese Form sozialer Diskriminierung wurde der Begriff »Ageism« geprägt. Dieser geht zurück auf einen Artikel von Robert N. Butler 1969 (nach Kramer ebd.). Der Autor verstand darunter zunächst jegliche Benachteiligung auf Grund des Alters, also auch bezogen auf Kinder oder junge Menschen. Die weitere Entwicklung führte dazu, Ageism zu anderen Formen der Diskriminierung von Menschen parallel zu setzen, etwa zu Rassismus und Sexismus. Nach Kramer wurde der Begriff Ageism ab den 1990er Jahren in Deutschland vorwiegend in Publikationen zur Altersforschung verwendet. Die Autorin zitiert eine Definition aus dem Jahr 1995. Ageism wird dort bezeichnet als »Fixierung der Perspektive gegenüber den Alten«, die in »dreifacher Maskierung« erscheint, nämlich

▶ »als Schwierigkeit, die Perspektive des Betroffenen wahrzunehmen,

▶ als die geschichtlich gewachsene, nur schwach kaschierte, aber immer noch tabuisierte Aversion oder sogar Aggression gegen alte Menschen und

▶ als unrealistische Wahrnehmung der Lebenswelt alter Menschen« (Kramer 259).


Auch Andrea Blome bezieht sich auf Butler (s.o.). Sie führt weiter aus, dass dieser Autor eine Reihe von Phänomenen nennt, in denen sich Ageism zeigt, nämlich als »individuell und institutionell sich äußernde Klischees und Mythen, vollkommene Verachtung und Ablehnung oder einfach subtile Vermeidung von Kontakt; diskriminierende Praktiken bezüglich der Wohnsituation, der Arbeit und verschiedener Dienstleistungen; außerdem Schimpfwörter, Cartoons und Witze« (Blome 1994, 152).

Kramer beschäftigt sich in ihrer Arbeit ausführlich mit dem durch Sprache ausgedrückten Ageismus. Sie zitiert eine Definition von »sprachlicher Diskriminierung als soziale Diskriminierung, die mittels Sprache realisiert wird« (Graumann und Wintermantel

1989 nach Kramer, 259). Die Autorin untersucht Wörterbücher, präsentiert aber auch einschlägige neue Wortbildungen von »greiseneinfach«, »pflegenah« oder »Alterslast/en« bis zu »Grufties« oder »Kukidents«. Als »fast programmatisch« bezeichnet Kramer ein Zitat aus *Die Zeit* (10.3.1994): »Pest, Hunger und Krieg sind glücklich überwunden – nun sind die Alten da« (ebd. 272). Nach Kramer ist Ageismus gegenüber anderen Formen sprachlicher Diskriminierung »subversiver und von hoher Brisanz, da er potentiell jeden unabhängig von Rasse, Geschlecht, Herkunft oder Religion treffen kann und zum anderen die Devaluation von Menschen oder Gruppen, die bereits von diskriminierendem Sprachgebrauch betroffen sind, vertieft« (ebd. 272).

## Alter und Frau – zwei Mythen?

In meinem nächsten Überlegungsschritt führe ich die Themen Alter(n) und Weiblichkeit zusammen. Wenn schon vom »Mythos Alter« die Rede war, so kann ebenso vom »Mythos Frau« gesprochen werden. Dieser drückt sich u.a. aus durch klischeehafte Polarisierungen im Hinblick auf Frauen: Die Heilige und die Hure, die weise Alte und die Hexe, der Blaustrumpf und das Dummerl, die naive Blondine und die rassige Schwarze oder gefährliche Rothaarige, bis hin zu Hausfrau und Karriereweib. Dergleichen unreflektierte Vorstellungen stehen oft im Hintergrund des Alter(n)s-Diskurses, sobald es um dabei um Frauen geht.

## Das Alter ist weiblich. Ist das Alter weiblich?

Der Slogan von der »Verweiblichung« oder »Feminisierung« des Alters meint zunächst den hohen Frauenanteil in der Gruppe alter Menschen. Laut dem österreichischen Seniorenbericht 2000 kamen auf Grund der damals zur Verfügung stehenden demographischen Daten bei den über Sechzigjährigen auf 100 Frauen 66 Männer, bei den über Fünfundsiebzigjährigen war die Verteilung 100 zu 44. In der Gruppe über 85 Jahre betrug der Anteil der Frauen rund dreimal so viel wie jener der Männer. Das Verhältnis wird sich voraussichtlich ändern, so dass sogar von einer »schwindenden Feminisierung des Alters« die Rede ist. Doch die Prognosen verweisen auch für die Zukunft auf eine Mehrheit von Frauen in der alten und hochaltrigen Bevölkerung (Josef Kytir und Rainer Münz 2000, 38).

Ein erweiterter Begriff von »Feminisierung des Alters« bezieht sich darauf, dass Männer mit dem Eintritt in die Pensionierung stärker als zuvor mit traditionell eher Frauen zugeordneten Lebens- und Tätigkeitsbereichen zu tun haben. Die Ansicht, der Verlust der Erwerbsposition bedeute für Männer eine »strukturelle Feminisierung«, hält Backes jedoch für zu kurz gegriffen (Backes 2000, 131). Die Autorin konstatiert das Fortschreiben der hierarchischen Geschlechterverhältnisse auch in der Phase des Alters »insofern, als zwar die weibliche Vergesellschaftung im Alter quantitativ vorherrschend ist, sie jedoch dadurch nicht gleichwertig oder sogar höherwertiger als die männliche gesehen wird. Stattdessen bleibt sie gesellschaftlich geringwertiger eingestuft« (ebd. 134). »Innerhalb des Altersstrukturwandels ist die quantitative Feminisierung eng verbunden mit Hochaltrigkeit und Singularisierung, und diese Dimensionen weisen auf typische soziale Gefährdungsbereiche des Alters hin« (ebd. 136). »Frauen sind (…) bezüglich ihrer Lebenslage im Alter zweifach sozial gefährdet, einmal auf Grund ihrer Geschlechtszugehörigkeit und zum anderen auf Grund der mit dem Alter einhergehenden sozialen Gefährdung« (ebd. 134).

### Die (Alters-)Armut ist weiblich

»Armut heißt Bedürftigkeit im sozialen System; sie ist ein Zustand, der sich nur durch Bezugnahme auf andere Zustände definieren lässt.« Armut bedeutet einen Mangel an Mitteln und Möglichkeiten, zu denen andere Zugang haben (Anton Amann/Gerhard Majce 1976 nach Rosenmayr 1978, 234). Eine genauere Sicht erlaubt die Unterscheidung von Einkommensarmut, Ausgabenarmut, Ausstattungsarmut und sozialer Ausgrenzung (Martin Oppitz 2000). Teilaspekte sozialer Ausgrenzung, welche mit Armut in Zusammenhang stehen, sind etwa eingeschränkte soziale Kontakte und gesundheitliche Beeinträchtigungen[2]. Weitere derartige Indikatoren könnten beispielsweise auch die (Nicht-)Teilnahme am kulturellen Leben oder die (Un-)Möglichkeit der Finanzierung von Urlaubsaufenthalten sein.

Im Hinblick auf die besondere soziale Benachteiligung von Frauen im Alter wird oft von Kumulationseffekten gesprochen: Die Folgen der generell im Alter wirksamen Faktoren, welche zu materieller Benachteiligung und Isolation führen, werden durch die Zugehörigkeit zum weiblichen Geschlecht verstärkt. »Als Frau alt werden und alt sein bedeutet bislang in der Grundstruktur ein zweifaches Risiko für die Lebensqualität: Die mit dem Alter strukturell drohenden sozialen Probleme (…) erfahren durch die geschlechtsspezifische soziale Ungleichheit bei heute alten Frauen eine besondere Ausprägung.« (Backes 2002, 115). Im Alter von Frauen wirken sich die nach wie vor wirksamen Rollenbilder (Orientierung an Ehe und Familie) und die häufig unterbrochenen Erwerbsverläufe ebenso aus wie ihr zumeist niedriger beruflicher Status. Frauen sind lt. Backes im Alter häufiger und stärker als Männer von »materieller und zum Teil auch immaterieller Armut betroffen« (ebd. 116).

Auf der Basis von Daten aus dem Kalenderjahr 1999 stellen sich die geschlechtsspezifischen Unterschiede bei der Einkommensarmut im Alter folgendermaßen dar:

Bei der österreichischen Gesamtbevölkerung zwischen 50 und 59 Jahren beträgt der Prozentsatz einkommensarmer Menschen im Durchschnitt 8%. Dieser Wert wird sowohl für Frauen als auch für Männer in derselben Höhe angegeben, d.h. er ist für beide Geschlechter gleich.

In der gesamten Altersgruppe über 60 ist der Durchschnittswert 17%. Bei den Frauen beträgt er 21%, bei den Männern 11%. Hier ist die größere Armutsgefährdung alter Frauen deutlich. Dies gilt ebenso bei den Angaben für Personen »im Ruhestand«: In der Ge-

---

2  Der Autor splittet bei seinen statistischen Angaben dazu allerdings nicht zwischen Frauen und Männern. Das wäre meiner Meinung nach aufschlussreich gewesen.

samtbevölkerung leiden im Durchschnitt 13% unter Einkommensarmut, bei den Frauen sind es 15%, bei den Männern 10% (nach Karin Heitzmann 2004, 62).

Heitzmann zeigt auf, dass »geschlechtsspezifische Unterschiede durch die herkömmliche Art der Armutsmessung … verschleiert werden«. Denn im Allgemeinen wird nicht von Einzelpersonen ausgegangen, sondern von Haushalten unter der stillschweigenden und falschen Annahme, dass die Einkommen innerhalb eines Haushaltes gleich verteilt werden (ebd. 59). Die Autorin erstellt alternative Berechnungsmodelle. Zunächst wird die Armutsbetroffenheit von Männern als Norm und der Wert für Frauen als Abweichung davon dargestellt. Im nächsten Schritt wird »die Diskrepanz aufgezeigt, die sich ergibt, würde der Lebenszusammenhang von Frauen als Norm verwendet« (ebd. 60). »Nach den Ergebnissen der Berechnungen der geschlechtsspezifischen Ungleichheit der einkommensarmen Bevölkerung weisen Frauen eine um 46% höhere Armutsbetroffenheit auf als Männer.« Am stärksten ausgeprägt ist die Einkommensarmut in der Gruppe der über 60-jährigen Frauen mit 82% (ebd. 68).

Fazit: Im Prozess des Alterns fallen Geschlecht als eine u.a. durch das Alter(n) bestimmte soziale Konstruktion sowie Alter als eine durch das soziale Geschlecht bestimmte Konstruktion zusammen – kurz: »Ageing is a gendered process« (Arber, Ginn nach Backes 2002, 133).

Wo sind die armen alten Menschen zu sehen, insbesondere die Frauen? Kaum in den Medien – außer es handelt sich um themenspezifische Berichte. Vermutlich auch nicht in den Senioren- (nicht SeniorInnen-) Klubs. Im Supermarkt häufig dort, wo es Sonderangebote gibt. Armut ist mit Scham verbunden. Eine Substandardwohnung, vielleicht schlecht geheizt, abgetragene Kleidung, kein Geld für die Reparatur des Fernsehers: Solche Um- und Zustände werden so gut wie möglich vor der Umgebung verborgen. Davon betroffene Menschen leben zurückgezogen. Armut macht unsichtbar. Alte Frauen werden auch durch Armut unsichtbar gemacht.

## »Ich bin eine alte Frau.«

Der erste Schritt im Rahmen dieser Untersuchung bestand in der Durchführung von Interviews mit Frauen (siehe Abschnitt 5). Meine insgesamt sechs Gesprächspartnerinnen habe ich dabei auch gefragt, ob sie schon einmal von sich selber gedacht oder gesagt haben: »Ich bin eine alte Frau.« Nur eine der Interviewten, damals (2002) 56 Jahre alt, hat sich geweigert, diesen Satz auf sich zu beziehen; eine andere hat indirekt positiv geantwortet. Die anderen Frauen hatten diese Worte offenbar mit dem nötigen Selbstbewusstsein bereits ausgesprochen. Sie haben vor allem davon berichtet, wie schockiert und beschwichtigend Menschen ihrer Umgebung auf eine solche Äußerung reagier(t)en.

Was ist nun so abschreckend oder bedrohlich daran, eine alte Frau zu sein?

Antworten auf diese Frage müssen auf unterschiedlichen Ebenen gesucht werden.

Gerburg Treusch-Dieter verweist auf die Vorstellung von alten Frauen als Inbegriff des Alters; ihr Anblick, die Begegnung mit ihnen ruft Entsetzen hervor (Gesprächsnotiz). Auf der symbolischen Ebene, etwa in der Mythologie, in Literatur und bildender Kunst stehen alte Frauen darüber hinaus auch für den Tod, etwa in der Figur der »Madame la Mort« z.B. von Picasso.

»Das ästhetische Ideal unserer Zeit und Kultur ist geprägt von einem Kult um Jugendlichkeit (…) und einer Schmähung des Alters. (…) Heute wird an alten Menschen vor allem ihre Jugendlichkeit geschätzt. Daß jemand nach langen Jahren noch attraktiv, noch nicht senil, noch voller Energie sei und mit 70 noch wie 60 aussehe, das wird bewundert. (…) Das heißt, unser Respekt gilt nicht dem Alter, sondern in Wahrheit der Jugendlichkeit« (Waltraut Posch 1999, 50).

Gerade in diesem Zusammenhang zeigt sich die unterschiedliche Bewertung von weiblichem und männlichem Alter(n): Männer werden »reif«, sind dann »in den besten Jahren«; Frauen werden lediglich alt. Und im Allgemeinen bedeutet das: Sie verlieren ihre sexuelle Attraktivität. Frauen bleiben lebenslang »ihrer Situation als erotisches Objekt unterworfen« (Beauvoir 452). Vor allem für Frauen, die ihr Leben auf ihre Weiblichkeit ausgerichtet haben, bedeutet das Alter(n) »eine radikale Disqualifikation« (ebd. 378). Bestenfalls gelten sie noch als »charmante alte Dame« (ebd. 382). Ein kurzer Blick auf Medienprodukte bestätigt das Fortdauern der Stereotypen in Bezug auf alte Frauen. Daran haben gesellschaftliche Wandlungen, individuelle (Weiter-)Entwicklungen sowie neue Lebensmodelle noch nicht wirklich etwas Entscheidendes geändert (siehe Abschnitt 3).

Eine weitere »Schiene«, die Frauen das Alt-Sein erschwert, ist die Festlegung auf ihre Reproduktionsfähigkeit. Alle Frauen, unabhängig von ihrer individuellen Lebensplanung und Situation, sind im gebärfähigen Alter dem »Verdacht« einer möglichen Schwangerschaft unterworfen. Der Einfluss dieser Annahme bei der Definition und Vergabe von Arbeitsplätzen ist genügend belegt. Weder gesetzliche Regelungen zur Gleichbehandlung noch der Geburtenrückgang haben das entscheidend verändert. Und diese Gleichsetzung von Frau-Sein und »Kinderkriegen« zeigt dann ihre »Kehrseite«, wenn Frauen mit der Menopause einen entscheidenden Teil ihrer »Weiblichkeit« und ihrer gesellschaftlichen »Nützlichkeit« zu verlieren scheinen. Radikal stellt sich die Frage: Werden alte Frauen noch als »richtige« Frauen wahrgenommen? Oder verschwinden sie unter dem Stichwort »Geschlechtsrolle ausgespielt« in einer Art Ablage für geschlechtsneutrale Wesen? Entsteht hierdurch nicht eine spezifische Art von Unsichtbarkeit?

Welche Möglichkeiten haben Frauen nun, mit ihrem Altern, ihrem Alt-Sein gut umzugehen? Eine auf Jugendlichkeit ausgerichtete Umgebung legt Menschen nahe, ihr Alter zu verleugnen. Dieser Abwehrmechanismus gegenüber der »Seniorenrolle« hat jedoch ein Ablaufdatum. Und schließlich: »Was tun wir uns selbst – und der Gesellschaft – an, wenn wir unser Alter verleugnen?« (Friedan 84).

Nicht gerade als »Boom« zu bezeichnen, aber doch in auffallender Häufung hat sich ein eigenes Genre an »Lebenshilfe«-Literatur herausgebildet. Darin wird alt(ernd)en Frauen nahe gelegt, gewissermaßen »positiv« zu denken und in der »zweiten Lebenshälfte«

ihre nach wie vor vorhandenen Chancen wahrzunehmen. Als Beispiel nenne ich »Viel zu jung, um alt zu sein« von Eva Jaeggi (1996). Die Autorin schreibt über »das neue Lebensgefühl ab sechzig« (Untertitel), durchaus auch unter kritischen Aspekten. Doch insgesamt fügt sich dieses Buch ein in den Trend, Frauen von den Möglichkeiten »erfolgreichen Alter(n)s« zu überzeugen. Bei zahlreichen anderen Beispielen liegt von vorneherein der Schwerpunkt auf Sexualität bzw. Körperlichkeit. Im Vordergrund stehen dabei häufig die Wechseljahre. Dieses Hervorheben der weiblichen Biologie konnte ich auch feststellen bei meiner Untersuchung von unterschiedlichen feministischen Zeitschriften (siehe Abschnitt 6). In Verbindung mit »Frau und Alter« war das Klimakterium in diesen Medien neben der Problematik der weiblichen Altersarmut das am häufigsten angesprochene Thema.

Den »Mythos, welcher den Wechseljahren (…) anhaftet« (Niederfranke 1999c, 39), verbunden mit der Vorstellung von »sexuellem Desinteresse und mangelnder sexueller Aktivität im Alter« (ebd. 41), bezeichnet diese Autorin als nach wie vor wirksames Stereotyp. Die erwähnte »Lebenshilfe«-Literatur beschränkt die Auseinandersetzung mit dem Thema Klimakterium weitgehend auf den individuellen Bereich. Veränderungen in der gesellschaftlichen Wahrnehmung, vor allem auch im Bereich der Medizin, stehen noch aus. Die Tendenz zur Medikalisierung, eigentlich Pathologisierung des gesamten weiblichen Lebenslaufes, zumindest der Spanne zwischen Menarche und Menopause, besteht weiterhin.

## Nur Senioren? Sprache als Ausschlussverfahren

Dieses Thema behandle ich exemplarisch am Literaturverzeichnis des österreichischen Seniorenberichtes 2000 (620ff). Diese Bibliographie umfasst auf 26 Seiten rund 780 Angaben inkl. Doppelnennungen durch jeweils fremdsprachige und deutsche Versionen. Ich habe die Titel ohne Bezug auf AutorInnen nach folgenden Gesichtspunkten durchgesehen:

▶ Geschlechtergerechtigkeit
▶ ausdrückliche Nennung von Frauen

- ausdrückliche Nennung von Männern
- ausdrückliche Erwähnung von Gender-Aspekten

Zunächst scheiden Titel aus, die nicht personenbezogen formuliert sind, sowie solche Bezeichnungen, die tatsächlich beide Geschlechter umfassen wie z.B. Alte, Personen, Menschen … Bei letzterem ist insofern Vorsicht geboten, als der Ausdruck »Mensch« einen Schwerpunkt mit der Bedeutung »Mann« hat.

Das Ergebnis:
Mehr als 100mal sind in grammatikalisch männlichen Begriffen von der Thematik her eindeutig Frauen mitgemeint. Besonders häufig ist das der Fall bei »Senioren«, der Ausdruck »Seniorin« kommt kein einziges Mal vor.
20mal wird auf unterschiedliche Weise geschlechtergerecht formuliert.
15mal werden Frauen eindeutig erwähnt bzw. betrifft die Thematik nur Frauen.
8mal handelt es sich eindeutig um Männer(-Themen).
3mal wird ausdrücklich der Gender-Aspekt angesprochen.

Eine besondere Kostprobe davon, in welchen Zusammenhängen Frauen erwähnt werden, bietet der folgende Buchtitel: »Alter und Arbeit – Ursachen und Folgen von Stigmatisierung alternder Menschen, insbesondere unter Berücksichtigung von Frauen und Gastarbeitern«; Autorin: Anneliese Seebacher.

Das Fazit:
Schon die Titel von Büchern zur Altersthematik lassen alte Frauen weitgehend aus dem Blick verschwinden, sie machen sie unsichtbar.

## Vorsicht! Gefährliche Kreuzung!

Die bisherigen Überlegungen haben es schon deutlich gemacht: »Ageing is a gendered process« (s.o.). Die »Verdichtung von Alters- und Geschlechter-Stereotypen« spiegelt die doppelte Marginalisierung von Alter und Geschlecht (Eveline Kilian, Susanne Komfort-Hein, 1999, 18). Die Politologin Dilek Çinar spricht von »Diskriminierungsachsen« und »multiplen Differenzen« im Zusammenhang mit »Identitätsachsen wie Gender, ethnischer Herkunft oder auch Alter ...« (Çinar 2003). Analysen des Zusammenwirkens von unterschiedlichen Diskriminierungen, insbesondere auch von Ageismus und Sexismus, fehlen allerdings weitgehend (Blome 1994, 153). Offensichtlich ist ein Zugang nötig, der über die Vorstellung einer Kumulation von Nachteilen (im Sinne von deren Summierung oder Anhäufung) hinausführt.

Für die Analyse von Mehrfach-Diskriminierungen verwendet Eva Kalny am Beispiel von Sexismus und Rassismus das Modell der »Gefährlichen Kreuzung(en)« (Kalny 2001). Dieses Bild geht zurück auf eine amerikanische Juristin, die eine solche Situation mit der Metapher einer befahrenen Kreuzung beschreibt. »Achsen der Macht – ethnische Zugehörigkeit, Geschlecht, Klasse etc. bestimmen die ›Fahrbahnen‹, nach denen das soziale, wirtschaftliche oder politische Terrain strukturiert ist. (...) Unterdrückungssysteme können einander (...) überlappen und kreuzen.« Wenn Menschen mehrfachen Diskriminierungen unterliegen, so befinden sie sich auf einer solchen »Kreuzung« und sind dem »Verkehr« ausgesetzt. »Aus der Positionierung auf der Kreuzung von Machtverhältnissen und Diskriminierungen ergeben sich jeweils spezifische Situationen der Verwundbarkeit und Machtlosigkeit« (Kalny, ebd.). Ich verwende diesen Ansatz, um eine solche »gefährliche Kreuzung« darzustellen, auf der sich alte Frauen vorfinden. Zur Veranschaulichung möge die folgende Abbildung dienen.

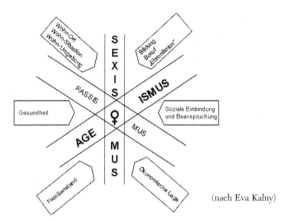

(nach Eva Kalny)

Die »Machtachsen« des Sexismus und des Ageismus sind als solche bezeichnet, eine dritte durchgehende Fahrbahn bleibt frei z.B. für Rassismus. Statt die dritte »Straße« etwa mit »Klassismus« zu besetzen, habe ich rundherum einen Teil jener Faktoren eingezeichnet, welche die konkrete Situation einer Frau im Alter(n) beeinflussen. Es ist klar, dass auch eine gut ausgebildete, sozial und ökonomisch abgesicherte, gesunde alte Frau sich auf dieser Kreuzung befindet. Deren Auswirkungen sind auf Grund der vorhandenen Ressourcen für sie jedoch gemildert. Je mehr Diskriminierungsfaktoren zusammentreffen, desto größer sind jedenfalls die Gefahren, die »von den ›verkehrenden‹ Vorurteilen und Diskriminierungen« ausgehen (Kalny, ebd.).

## Zusammenfassung

In androzentrischen Systemen sind Frauen immer die »Anderen«, die vom Mann her als Nicht-Mann bzw. auch als Nicht-Mensch Definierten. In einer Gesellschaft, auf deren Werteskala Jugendlichkeit einen hohen Stellenwert hat, sind alte Menschen ebenfalls die »Anderen«, eben die Nicht-Jungen. Solche Zuweisungen von Anders-Sein sind immer verbunden mit gesellschaftlicher Unsichtbarkeit (Blome 155). Nicht jede Frau hat die materiellen und immateriellen Ressourcen, sich dem »raffinierten Ausschlussverfahren« zu widersetzen, das auf diese Weise alte Frauen aus dem

Bewusstsein der Öffentlichkeit verschwinden lässt (nach Doris Weber 1992). Mangelnde politische Vertretung, das Fehlen von positiven Altersbildern, Gefühle von Nutzlosigkeit und Scham führen zu Resignation und Rückzug und machen alte Frauen dann tatsächlich unsichtbar. Aufforderungen zu mehr »Frauenpower« im Alter, Hinweise auf das Modell der »Unwürdigen Greisin« (Bertolt Brecht) sind vielleicht manchmal individuell ermutigend, verändern jedoch nicht die Grundsituation. »Es ist, als ob ich eine Tarnkappe trage. (…) Mich bemerkt keiner.« Diese Aussage einer »etwas verbitterten, älteren (sic!) Frau« zitiert Jaeggi (164). Ein solches Gefühl befällt »nicht mehr junge« Frauen wohl nicht selten.

Auf der »gefährlichen Kreuzung« sind alte Frauen offenbar vor allem auch durch Unsichtbarkeit gefährdet, durch ihr Verschwinden aus der öffentlichen Wahrnehmung.

Einige Faktoren, die diese Unsichtbarkeit hervorrufen, wurden bereits aufgezeigt: Die Position als »Andere« durch Frau-Sein und Alt-Sein, die »Geschlechtslosigkeit« durch das Ende der Gebärfähigkeit, die Ausschlussverfahren der androzentrischen Sprachregelungen auch in Bezug auf Alter(n) und in vielen Fällen noch zusätzliche soziale Diskriminierungen infolge ökonomischer Benachteiligung.

Im Sinne meiner Fragestellung(en) geht meine Untersuchung nun weiter zu bestimmten Formen der »Unsichtbarkeit« alter Frauen, welche durch eine Art gesellschaftlicher »Fehlsichtigkeit« hervorgerufen werden. Eine ganze Bevölkerungsgruppe wird dabei vorwiegend klischeehaft, abwertend, nicht realitätsgerecht wahrgenommen und dargestellt. Medienprodukte aller Art greifen in diesem Zusammenhang jene Bilder auf, die traditionell in den Köpfen vorhanden sind, erfinden neue Klischees und verstärken deren Wirkung.

# 3. Alte Frau im Bild

## TEIL 1

Bilder haben häufig eine lange Geschichte. Dies gilt nicht nur für visuelle Darstellungen. Das symbolische System einer Gesellschaft transportiert neben vielen anderen »Bildern« auch solche des Alters allgemein und insbesondere von alten Frauen. Manche davon gibt es seit langer Zeit, andere wurden erst später »erfunden«. Sie existieren jedenfalls in den Köpfen der Menschen, in ihrer Sprache, in bildender Kunst und Literatur, schließlich in den Massenmedien. Immer wieder werden die darin enthaltenen Vorstellungen reproduziert, aber auch verändert. Sie werden ergänzt durch Um- und Neukonstruktionen. Vielfach verfestigen sie sich zu Klischees, zu Stereotypen und bekommen damit eine besondere, weil kaum bewusste Wirksamkeit.

Altersbilder sind Bestandteile des Altersdiskurses. Als solche sind sie Kommunikationskonzepte, Deutungsmuster einer sozialen Wirklichkeit (Göckenjan 2000, 14ff). Es handelt sich dabei um einen »Komplex von Einstellungen, Verhaltenserwartungen, Typisierungen, von Symbolen, die als Ehrenzeichen oder als Stigma gedeutet werden können« (ebd. 19).

In diesem Abschnitt beschäftige ich mich zunächst mit derartigen »Bildern« alter Frauen, um dann weiter zu gehen zu real vorgefundenen Bildern. Im darauf folgenden Teil (Abschnitt 4) geht es schließlich um Karikaturen. In ihnen ist viel vom gesellschaftlichen Umgang mit jenen zunächst dargestellten »Bildern« zu entdecken, aber auch das »Gelächter über die Alten«, das lt. Göckenjan überall vorzufinden ist (ebd. 18).

## Von guten und von bösen alten Frauen

»Das Bild der alten Frau zeigt (...) eine fundamentale Polarisierung in eine gute, respektable und in eine verächtliche Seite. Dabei erscheint die verächtliche Seite häufiger zu sein ...« (Göckenjan 182). Dem Autor geht es darum, die »Grundmuster für Metaphorisierungen und symbolische gesellschaftliche Rollenzuweisungen darzustellen.« Im Gegensatz zum Greis »scheint die alte Frau viel häufiger als Metapher für die Grenzen des gesellschaftlich Erwünschten zu dienen« (ebd.).

Göckenjan untersucht das Thema »Alter« aus diskursanalytischer, sozialgeschichtlicher und soziologischer Sicht. Dabei beschränkt er sich auf den europäischen Kontext und berücksichtigt den Zeitraum von der Antike bis zum Ende des 20. Jahrhunderts. Die von ihm herausgearbeiteten Bilder weiblichen Alter(n)s gebe ich in diesem ersten Abschnitt wieder und frage nach ihrer Bedeutung im Zusammenhang mit unserer Gegenwartsgesellschaft.

► **DIE WEISE ALTE**

In Gesprächen über das Alt-Sein taucht immer wieder die Erwartung auf, diese Lebensperiode wäre häufig mit so etwas wie »Weisheit« verbunden. Beim Nachfragen stellt sich heraus, dass dahinter ziemlich unklare Vorstellungen stehen. Kaum jemand kann den Begriff Weisheit schlüssig definieren. Die Existenz von »Weisen Alten« wird als selbstverständlich gesehen, auch wenn es dann an konkreten Beispielen mangelt und alte Frauen sich selber kaum so bezeichnen.

Dieses »Bild« alter Frauen wird oft in Verbindung gebracht mit der meist idealisierenden Rekonstruktion einer matriarchalen Periode in vorpatriarchalen Zeiten. Die Überlegungen von Barbara Walker (1985/2001) stehen in diesem Zusammenhang: Sie bezieht sich bei ihrer Diskussion der »Weisen Alten« auf ein vorchristliches Symbolsystem und den damit verbundenen »Göttinnen-Archetypus« (17). Im Verlauf ihrer Arbeit verfolgt Walker die Spur dieser Gestalten in verschiedenen mythologischen und religiösen Systemen. Sie kommt zu dem Schluss: »Die Weisheit der Alten ist jene geheimnisvolle Fähigkeit, die Männer gern ›weibliche Intuition‹ nennen …« (189). Trotz einer Fülle von Material und vieler interessanter Hinweise ist hier keine schlüssige Auseinandersetzung damit zu finden, was das »Bild« der »Weisen Alten« heute für Überlegungen zum Alter(n) von Frauen aussagen könnte. Auch die Anmerkungen der Autorin zum Feminismus fallen ziemlich undifferenziert aus bzw. verharren im Bereich der Geschlechter-Polarisierungen.

Erstaunlich mager ist auch das Ergebnis, wenn Göckenjan sich mit diesem positiv besetzten Bild weiser alter Frauen beschäftigt (183ff). In der von ihm untersuchten Literatur findet er kaum mehr als die Vorstellung der alten Frau als Lehrerin, als »Hüterin der Tugenden und Repräsentantin von Kontinuität« (187). Weisheit wird lt. Göckenjan im Wesentlichen Männern zugeordnet. Auf diese Tendenz verweist auch eine Eintragung unter dem Stichwort »Weise« im Deutschen Wörterbuch von Jakob und Wilhelm Grimm (Ausg. 1991, 1039). Dort ist für das personenbezogene Substantiv »Weise« nur der männliche Artikel angegeben.

Am Ende des Abschnitts mit dem Titel »Weisheit von alten Frauen?« verweist Göckenjan nochmals darauf, dass negative Bilder weiblichen Alters wesentlich mehr ausgeprägt sind als positive. Die Idealbilder alter Frauen sind eher unklar, »die Stilisierungen des unakzeptablen weiblichen Alters sind scharf geschnitten« (ebd. 188). Als erstes Beispiel dafür beschreibt der Autor einen Typus alter Frauen, dem kaum mehr aktuelle Bedeutung zukommt:

▶ **DIE ALTE JUNGFER**

Diese Figur hat eine lange Geschichte, die auf die Stigmatisierung von Unverheirateten verweist. Frauen sind davon stärker betroffen als Männer. Nur bei ihnen »fallen ganz verschiedene Motive wie das Lächerliche, das Tragische und das sozial Gefährliche weiblicher Potenzen und Biographien zusammen« (Göckenjan

189). Eine »Moralische Wochenschrift« aus dem 18. Jahrhundert mit dem Titel »Die alte Frau« zeigt eine differenzierte Einstellung zu dem Thema: »Es gebe zu Recht verachtete alte Jungfern – sie seien gering zu schätzen wegen ihres unwürdigen, nicht altersangemessenen Verhaltens. Aber es gebe viel mehr würdige alte Jungfern, die sehr achtenswerte Motive haben, unverheiratet zu bleiben.« Diese »achtenswerten Motive« bestehen vor allem in der Treue zu einem früh verlorenen Bräutigam oder in einem hingebungsvollen Leben für andere (ebd. 193). Die positive Bewertung beruht offenbar auf dem Wahrnehmen traditionell weiblicher Tugenden auch bei unverheirateten Frauen.

In meiner Jugend war es durchaus üblich, von älteren, unverheiratet gebliebenen Frauen mitleidig und meist auch abwertend zu sprechen. Unangepassten Mädchen wurde damit gedroht, sie würden »keinen Mann bekommen« und so zu alten Jungfern werden. Vor allem ledige, nicht mehr junge und in meinen Augen etwas sonderbare Lehrerinnen habe auch ich mit diesem Begriff belegt. Tatsächliche waren Lehrerinnen damals zu einem überwiegenden Teil nicht verheiratet. Für sie galten gesetzliche Zölibats-Vorschriften zumindest auf dem Papier bis in die 1950er Jahre. Bei den von mir analysierten Karikaturen habe ich ebenfalls diesen »Typ« wieder gefunden (Abschnitt 4). Heutige junge Menschen können über die mit »alter Jungfer« verbundenen Vorstellungen wohl nur mehr lachen. Ein »Single« zu sein, ist eine zumindest für manche Lebensabschnitte häufige, gesellschaftlich akzeptierte und manchmal auch ersehnte Lebensform geworden. Allerdings: Im Selbst- und Fremdbild von heute alte/rnde/n Frauen, die niemals geheiratet und Kinder in die Welt gesetzt haben, hält sich nach wie vor die Diskriminierung als Frauen, die ihren Lebenszweck nicht erfüllt haben.

Den Vorwurf der Unfruchtbarkeit bezeichnet Göckenjan als das in früheren Generationen »zentrale und ambivalente Stigmatisierungsmotiv gegen Unverheiratete«. Darin haben sich soziale und biologische Faktoren verbunden. Das Motiv der Fruchtbarkeit ist auch noch in der Geschichte und Ausformung anderer »Bilder« alter Frauen erkennbar (ebd. 194).

## ▶ DIE BÖSE ALTE

»Schlimmer als der Teufel« sind angeblich böse alte Frauen. Göckenjan (194ff) zitiert dazu die Ansicht des Erasmus von Rotterdam, der sich auf klassische Vorbilder beruft: »… die alten Weiber haben nicht nur das Gift ihrer Zunge, sie verfügen auch über böse Künste, Giftmischerei und Zauberei.« Der alten Frau werden hier nicht die Schwächen und Mängel des Alters zugeschrieben, sondern sie tritt auf als »Personifikation des Bösen«. Zwei Motive dieser Stigmatisierung arbeitet Göckenjan aus dem Volksbrauchtum heraus, nämlich »ein Fruchtbarkeitsmotiv und einen Angstglauben mit Hexenassoziationen.« Auf den ersten Komplex verweist etwa die Gleichsetzung von Winter, Tod und alter Frau, welche in Bräuchen wie dem »Winteraustreiben« feststellbar ist. Wesentlich komplexer stellt sich der Angstglaube dar, nämlich die abergläubische Angst vor magischer Einflussnahme. Gemäß diesen Vorstellungen bringt die Begegnung mit alten Frauen Unglück. Ihre »Bosheit« ist an körperlichen Zeichen erkennbar. Das sind etwa die gebückte Haltung, ein großer zahnloser Mund, gerötete Augen, ein schiefer und wackelnder Kopf, dürre, krallenartig verzogene Hände. Solche typischen Alterszeichen, welche eine alte Frau zur »Chiffre für Ekel und Grauen« machen, sind jedoch vor allem Zeichen der Armut; es sind die Folgen eines vielleicht nicht einmal langen, jedoch mit harter Arbeit und Entbehrungen verbrachten Lebens (ebd. 196).

Den »magischen Interventionen« solcher Frauen kann dem Volksglauben entsprechend mit magischen Ritualen begegnet werden. Die »einfachste Abwehr gegen gefährliche Begegnungen mit alten Frauen, ein dreimaliges Ausspucken, unterstreicht die Herabwürdigung noch einmal mehr« (ebd. 197). In diskriminierenden Äußerungen über alte Frauen haben sich solche Vorstellungen bis heute erhalten.

Märchen spielen eine wichtige Rolle dabei, dass die in vergangenen Jahrhunderten ganz üblichen Verfallserscheinungen als Zeichen des Unheimlichen und Furchterregenden tradiert wurden. In Märchen werden Hexen verbrannt, erhängt, ertränkt, mit

Mühlsteinen erschlagen, gefoltert, sie müssen sich tot tanzen oder werden zu Tode geprügelt. Solche Figuren sind häufig Schwiegermütter oder Stiefmütter. Insofern steht dahinter auch die Problematik der Generationen-Beziehung (Göckenjan 196f)[3].

Alte Frauen sind jedoch in den Volksmärchen nicht nur böse Hexen. Sie verkörpern auch eine andere, jenseitige Welt. So wie Hexen leben diese Gestalten »am Ende der Welt oder tief im Wald«. Häufig bitten sie um Hilfe oder werden um Hilfe gebeten. Zunächst scheinen sie eher gefährlich zu sein. Jungen Menschen stellen sie schwierige Aufgaben, bei denen es sich um Charakterprüfungen handelt. Wenn sie diese bestehen, werden die Jungen belohnt. Sie finden dadurch meist ihr Lebensglück. Hier werden die Beziehungen der Generationen positiver gesehen. Ein anschauliches und humorvolles Beispiel für diesen Typus der nur scheinbar bösen Alten ist im Märchen »Die Gänsehirtin am Brunnen« der Brüder Grimm dargestellt. In solchen Gestalten sehe ich auch einen Anklang an die Figur der »Weisen Alten«.

Die »böse Alte« kann also auch eine Verkleidung sein. Sie symbolisiert auf vielfältige Weise Gefahren »in den Szenarien des Generationswechsels«. Vor allem aber spielt sie die »undankbare Rolle einer Grenzfigur akzeptierten Verhaltens« (Göckenjan 198f). Die »Verkörperung« (im Wortsinn) des Typs der »bösen Alten« ist auch bei den in Abschnitt 4 analysierten Karikaturen zu finden. Das zeigt, dass diese lang überlieferte Figur nach wie vor im heutigen symbolischen System vorhanden und als Sinnbild für bestimmte soziale Gegebenheiten verwendbar ist.

Es gibt ein ausgeprägtes Gegenbild zur bösen Alten, nämlich:

---

3 Auf die grauenvolle Geschichte der Hexenverfolgungen gehe ich in diesem Zusammenhang bewusst nicht ein. Die Figuration der Hexe ist nicht unmittelbar an das Alt-Sein von Frauen gebunden. Dies gilt auch für die in solchen Zusammenhängen fallweise erwähnte Gestalt der Schamanin. Die »Bilder in den Köpfen« setzen allerdings bei diesen Konstrukten das Alt-Sein häufig voraus.

oben: Abb. A 1
unten: Abb. A 2

Ich treffe sie seit 50 Jahren zum Frühstück.
Und wir haben uns
noch nie **miteinander gelangweilt.**

*Ich denke,*

oben: Abb. A 3
unten: Abb. A 4

oben: Abb. A 5
unten: Abb. A 6

oben: Abb. A 7
unten: Abb. A 8

Abb. A 9

Das Schöne am Reichsein:
Man kann tun, was man will.

oben: Abb. A 10
unten: Abb. A 12

tod

oben: Abb. A 13
Quelle: Schlangenbrut
www.schlangenbrut.de

unten: Abb. A 11
Quelle: Stichwort-Archiv,
Wien

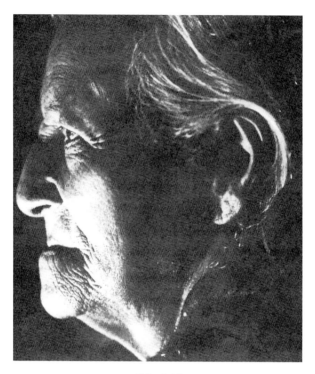

Abb. A 14
Quelle: Privatarchiv der Autorin

### ▶ DIE GROSSMUTTER

Dieses »Bild« stellt eine »klar formulierte Positiv-Stereotype« dar (Göckenjan 199ff). So wenig wie die böse Alte ist die Großmutter eine »empirische Alltagsfiguration.« Es handelt sich bei diesen Gestalten um »soziale Konzepte«, um die Inszenierung von »erwünschtem oder stigmatisiertem Sozialverhalten«, um »Personifikationen von sozialen Qualitäten«. Ihre Darstellung enthält »mehr oder weniger bewusste Erzählungen« über die Anforderungen, welche eine Gesellschaft an alte Frauen stellt (ebd. 199).

Laut Göckenjan ist die Gestalt der Großmutter ein »relativ neues Konzept«, eine »soziale Erfindung« jüngeren Datums. Anders als von der »alten Jungfer« oder der »bösen Alten« finden sich von diesem »Bild« keine Spuren in dem vom Autor untersuchten historischen Material. Die scheinbar zeitlose Figur der Großmutter, wie sie alle Menschen zu kennen glauben, hat sich erst im Lauf des 19. Jahrhunderts herausgebildet. Das hängt zusammen mit dem Entstehen der typischen bürgerlichen Familie. Die Großmutter ist die »ideale, auf häusliche Geborgenheit und emotionale Bedürfnisse ausgerichtete Integrationsfigur«, die »liebevolle ausgleichende Seele des Hauses« (ebd. 200, 220). Ähnlich wie die »böse Alte« ist auch die »typische« Großmutter an ihrem Äußeren zu erkennen. Dazu gehören ein »hellfreundliches Aussehen« mit »jugendfrischen Augen«, welche liebevoll in die Welt schauen. Meist zeigen solche Großmütter auch eine gewisse Rundlichkeit und weiße Haare, als Löckchen oder in einem »schlichten Knoten«. Der Kontrast zum Körperbild der »bösen Alten« ist leicht erkennbar. »Schöne Alte« sind liebende Großmütter. Diesem Typus alter Frauen wird auch die Fähigkeit zum Erzählen von Märchen zugeschrieben.

Offen bleibt bei diesen Zuordnungen die Frage nach den Schwiegermüttern. Im realen Leben sind auch sie häufig Großmütter. Wie vertragen sich die Klischees der »bösen Schwiegermutter« – einer Ausformung der »bösen Alten« – mit der Figur der liebevollen »Großmutter«? Eine alte Frau, der nicht von vornherein die Stimmung von »Nähe, Emotionalität, Fürsorglichkeit und Geborgenheit« zugeschrieben wird, kann offenbar keine »gute« Großmutter sein, unabhängig von der Anzahl ihrer Enkel (ebd. 214). Es scheint, dass negative »Altweiber«-Klischees ziemlich leicht positive »Bilder« alter Frauen überformen, wenn deren erwünschte Qualitäten auf bürgerliche, häusliche, meist traditionell als weiblich verstandene Vorstellungen reduziert werden.

Wie weit entsprechen alte(rnde) Frauen in der Gegenwart diesem idealen sozialen Konzept der Großmutter? Großmütter als eine »stille Reserve« der jungen Familien könnten rar werden. Es gibt Hinweise auf eine »zumindest partielle Arbeitsverweigerung der Großmütter« (nach Beck-Gernsheim 1996, 32). Zunehmende und längere Erwerbstätigkeit von Frauen – nicht unbedingt freiwillig, sondern um überhaupt einen Pensionsanspruch zu bekommen – sind ein Grund dafür. Manche Frauen haben aber auch einfach genug von familiären Beanspruchungen. Sie erkämpfen sich zumindest im Großmutter-Alter einen gewissen Freiraum für eigene Lebensgestaltung. Trotz dieser Einschränkungen gibt es aber viel Solidarität und Hilfeleistung »älterer« Frauen gegenüber meist auch erwerbstätigen Töchtern und Schwiegertöchtern. Abgenommen hat wohl vor allem die Bereitschaft, jederzeit zur Verfügung zu stehen und familiäre Belange als mehr oder weniger einzigen »Lebenssinn« wahrzunehmen.

In einem Interview im Zusammenhang mit dem Thema »Altern ist Leben« wurde der Soziologe Leopold Rosenmayr u.a. über die Zukunft des Alterns in der Familie befragt. Seine Antwort: »Die Großmütter sind die sozialen Pioniere (sic!) dieser Gesellschaften. Sie sind mehr als man glaubt Vorbild für die Kinder. Großväter erzeugen viel mehr Konflikte« (*Der Standard* 8.3.2005, S. 25). Das Klischee hat also noch nicht ausgedient. Oder wird vielleicht die Großmutter in Verbindung mit restaurativen Vorstellungen von Familie gerade wieder neu »erfunden«?

**»Ein Handy für die Oma!«**

Von der »Großmutter« zur »Oma«, vom Märchenbuch zum Handy: Wird damit eine positive Entwicklung bei den »Bildern« alter Frauen thematisiert?

»Ein Handy für die Oma«: Das war die Ankündigung eines Gewinnspiels, bei welchem Handys verlost worden sind. Diese Geräte waren lt. Text »so einfach zu bedienen, dass sich damit auch unsere Omas leicht zurechtfinden« (*Unser Wien* Heft 4/1996). Zumindest in diesem Beispiel sehe ich keine Verbesserung des Ansehens alter Frauen.

Im Jahr 1995 habe ich begonnen, Unterlagen zu sammeln für eine Arbeit über »Das Bild alter Frauen in der Werbung (Printmedien)«. Bei der Bearbeitung des Materials habe ich mich an »Geschlecht und Werbung« von Erving Goffman (1976/1981) orientiert. Aus den analysierten Bildbeispielen konnte ich dann die nachfolgend angeführten »Typen« oder auch »Bilder« alter Frauen herausarbeiten und charakterisieren.

▶ Dame: betont gepflegt, distanziert, ev. Schmuck, ev. etwas zu jung aussehend; Abb. A 1*

▶ Oma, Haus- bzw. Ehefrau: rundlich, gemütlich, eher bieder gekleidet, ev. mit Brille, ev. bei speziell weiblichen häuslichen Tätigkeiten; häufig mit Kindern oder (Ehe-) Mann; Abb. A 2

▶ interessante Alte: markante Züge, ev. sehr alt, viele Falten, weißhaarig, ev. sichtbar gepflegt, Nagellack; ev. Schmuck; Abb. A 3

▶ Hochbetagte Greisin: ungeschminkt, unverschönt, starke Spuren des Alters sichtbar; Abb. A 4

▶ komische Alte: grotesk und/oder übertrieben dargestellt bezüglich Situation, Aufmachung oder Mimik; Abb. A 5, Abb. A 6

▶ einsame Alte: Eindruck durch Haltung und Umgebung/Situation bestimmt; Abb. A 7

▶ (zu) junge Alte: jugendlich, vital, unglaubwürdig in Verbindung mit Produkt/Test/Situation; Abb. A 8 und Abb. A 9

✳ diese und folgende Abbildungen siehe Bildteil ab S. 48

▶ Intellektuelle: Nähe zu »Dame«, jedoch mit entsprechender Tätigkeit (lesen) oder charakterisierendem Produkt (PC) dargestellt; ABB. A 10

(nach Hellmich 1997)

Die Ausformungen der einzelnen Typen überschneiden sich zum Teil. So wie im vorigen Abschnitt findet sich auch hier die unter dem Begriff »Großmutter« beschriebene Figur. Was völlig fehlt, ist der Typ der »bösen Alten«. Allerdings: Welche Dienstleistungen oder Produkte könnten damit beworben werden?

Mit »geschlechtsspezifischen Altersdarstellungen in der Printwerbung« befasst sich auch Caja Thimm. Sie arbeitet den Kontrast zwischen der bildlichen Darstellung von durchaus nicht hinfälligen, »freundlich aussehenden« älteren Frauen und den damit verbundenen Werbetexten heraus. Diese orientieren sich am Defizit-Modell des Alters, wenn es etwa um medizinische Hilfsmittel geht. Weiters zeigt die Autorin die Figur der »verrückten Alten« und deren »explizit jugendliches Verhalten« als »effektives Kontrastmittel«, wenn für so genannte »jugendliche Produkte« geworben wird (Thimm 1999, 40ff). Unter Bezugnahme auf Brigitte Spieß nennt Thimm auch die »unkonventionelle« alte Frau, mit der »Ausstiegsvarianten aus der traditionellen Frauenrolle« inszeniert werden. Das kann sich auf Produkte beziehen, die für alte Frauen ungewöhnlich sind, etwa Werkzeug; auch traditionell männliche Handlungsweisen und Erscheinungsformen oder skurriles Verhalten können dargestellt werden (ebd. 42 bzw. Spieß 1994, 414f).

All diese Charakterisierungen verweisen auf unterschiedliche Ausprägungen von »öffentlichen Altersbildern«. Die damit transportierten Vorstellungen decken sich kaum mit der Vielfalt des Alter(n)s, sie zeigen nicht die »unterschiedlichen Lebensformen, Interessen und Fähigkeiten« von Frauen in dieser Lebensphase (nach Niederfranke 1999b, 27). Dargestellt werden so genannte »Altersstereotype«, auch wenn diese zugleich negiert oder kariert werden. Es handelt sich dabei um Vereinfachungen, mit deren Hilfe Menschen auf Grund ihres kalendarischen Alters bestimmte Eigenschaften oder Verhaltensweisen zugeschrieben werden. So entstehen ganze »Bündel von Eigenschaften sowie Verhaltens- und Rollenerwartungen ...« (ebd.). Daraus folgen »relativ fest gefügte, stabile Überzeugungen davon, wie ältere Menschen angeblich sind und wodurch sie sich von anderen, jüngeren Menschen unterscheiden« (ebd.). Nicht nur das Verhalten gegenüber Alte(rnde)n wird dadurch geprägt. Auch der Platz, der ihnen innerhalb der Gesellschaft zugewiesen wird, sowie die Planung und Ausgestaltung von sozialen Einrichtungen werden davon beeinflusst (ebd. 28).

Dazu kommt: Alte Frauen sind in den Massenmedien generell unterrepräsentiert. »Frauen werden aus der öffentlichen Wahrnehmung wie dem Fernsehen eliminiert, wenn sie 45 sind«, konstatiert in einem Interview Frank Schirrmacher, Autor von »Das Methusalem-Komplott« (*profil* 2.6.2004). Werbespots bringen »ältere Gesichter« fast nur mit eher unattraktiven Produkten in Verbindung, etwa mit Versicherungen, Waschmitteln oder Medikamenten. Pflegepräparate für die »reife Haut« werden mit ziemlich jungen Gesichtern beworben (nach Niederfranke 1999b, 40). All die »Illusionswelten«, die nicht nur alten Frauen in der Werbung (und in anderen Bereichen der Massenmedien, EH.) zugeordnet werden, haben etwas gemeinsam: »Sie erlauben den Rezipientinnen in der Regel keine produktive Auseinandersetzung mit den vorgegebenen Rollenmustern« (Spieß 425). Ich beziehe diese Aussage sowohl auf Alters- als auch auf Geschlechtsrollen.

Wie stark stereotype Bilder von »Frau und Alter« in den Köpfen verankert sind, zeigt auch eine Bemerkung des Psychoanalytikers Alfred Pritz in einem Interview zum Thema »Spenden«. Er wurde konfrontiert mit der Feststellung, der typische österreichische Spender (sic!) sei weiblich und über 50 Jahre. Die Meinung des Fachmannes auf die Frage, ob das zutreffen könnte: »Ich kann nicht beurteilen, ob das signifikant ist. Es ist nahe liegend, dass das Mütterliche da am stärksten durchkommt. In diesem Alter sind die Kinder in der Regel schon erwachsen, und trotzdem gibt es ein Bedürfnis nach Fürsorge und Kümmern« (*Der Standard* 18.12.2004).

Die mit dieser Bemerkung ausgedrückte Vorstellung von weiblichem Alter(n) bildet eine gute Überleitung zum nächsten Abschnitt, in dem ich mich mit Karikaturen auseinander setze, auf denen alte Frauen dargestellt sind. Diese Untersuchung schließt an die bisherigen Überlegungen an, die sich zunächst mit idealtypischen Bildern, in der Folge mit medialen Darstellungen beschäftigt haben. Sie führt weiter zu der Frage, in welcher Weise karikierend überzeichnete Bilder alter Frauen »benützt« werden, in welchen gesellschaftspolitischen Zusammenhängen auf sie zurückgegriffen wird. Dabei werden auch die bisher aufgespürten Bilder in den Köpfen sowie die durch die Medien vermittelten öffentlichen Bilder wirksam. Sie sind Teil jenes gemeinsamen Symbolsystems, dessen Kenntnis notwendig ist für den von Witzen, in diesem Fall von Karikaturen ausgelösten »Aha-Effekt«.

# 4. Alte Frau im Bild

## TEIL 2

Die Alltagsrealität der Gegenwartsgesellschaft(en) wird immer mehr durch »Visualisierungen von Welt« bestimmt. Anders ausgedrückt: »In der Folge kulturellen Wandels (werden) zunehmend narrative Elemente durch visuelle ersetzt bzw. und verdrängt« (Friedhelm Ackermann 1994, 201) Auch im Rahmen soziologischer Untersuchen werden Bilder vermehrt als »Datenmaterial« herangezogen, allerdings noch nicht in dem Umfang, der ihrer Bedeutung entspricht. Bilder haben den Vorteil, dass sie »eine eigene Sprache (entwickeln), die für bestimmte Inhalte ebenso geeignet – wenn nicht geeigneter – ist als der Ausdruck in Worten« (Rudolf Richter 1989, 87) »Das Bild ist nichts anderes als ein Zeichensystem, wie es etwa die Sprache ist, mit dem ich Botschaften übermittle« (ebd.50).

Bilder sind auch deshalb ein interessantes Untersuchungsmaterial, weil sie »eine schwer beschreibbare emotionale Komponente (beinhalten), die über die abgebildeten Gegenstände oder Personen hinausgeht« (Sherzer-Hofmann 1995, 207). Diesem »darüber hinaus« auf die Spur zu kommen habe ich als einen besonderen Anreiz bei der Untersuchung von Bildern empfunden.

In diesem Abschnitt beschäftige ich mich mit Karikaturen. Dabei erinnere ich mich an eine Äußerung von Hilde Domin in Bezug auf Lyrik. Die Autorin stellt fest und findet es erstaunlich, dass aus Gedichten »prinzipiell mehr oder anderes ›herausgeholt‹ werden kann, als hineingetan worden ist, weil die Sprache mehr mitführt, als der Autor weiß« (Domin 1993, 213). Eine Parallele zu Karikaturen sehe ich darin, dass in beiden Fällen eine besonders komprimierte Kunstform vorliegt, welche mit Kürzeln, Symbolen, Metaphern und dgl. arbeitet. Auch KarikaturistInnen »wissen« offenbar nicht immer, was alles in ihren Zeichnungen »mitgeführt« wird. Bei den Analysen war ich (wie bei früheren Untersuchungen von Bildern) wieder überrascht von der Entdeckung eines (gesellschaftlich begründeten) Wissens, das sowohl den Bildern als auch mir »eingeschrieben« ist und von dem ich zunächst nur einen kleinen Teil wahrnehmen konnte. Durch die methodisch abgesicherten Analysen ist es Schritt für Schritt zum Vorschein gekommen.

## Warum gerade Karikaturen?

Im Zusammenhang mit dieser Frage hat sich mir folgende Überlegung aufgedrängt:

Insofern »Frau-Sein« (noch immer) weitgehend gleichgesetzt wird mit Jung-Sein, Schön-Sein, Gebärfähig-Sein, verkörpert jede reale alte Frau »eo ipso« eine Art Karikatur von Weiblichkeit, da sie nicht mehr deren »Bestimmung« oder »Bestimmungen« entspricht. Das zeigt sich beispielsweise bei genauem Hinsehen schon in ganz alltäglichen Werbesujets (vgl. Abschnitt 3). Es gibt nur selten Darstellungen alter Frauen, die nicht ein gewisses Maß an Parodie, an scheinbar unfreiwilliger Komik oder an oft grotesker Überzeichnung beinhalten. Da war es naheliegend, als Analysematerial gleich die bewusst mit solchen Mitteln gestalteten Karikaturen zu wählen. Für bedeutsam halte ich auch die gerade bei Karikaturen besonders starke »emotionale Komponente« (Sherzer-Hofmann, s.o.). Diese Autorin verweist auch noch auf einen besonderen Vorteil bei der Untersuchung von Karikaturen gegenüber anderem Bildmaterial: Die Karikatur »stützt sich auf stark konventionalisierte Formen der visuellen Mitteilung, mit sehr knapp gehaltenen Darstellungsformen, was die Übersetzung in Sprache (…) sicherlich erleichtert« (ebd. 207).

1853 hat Karl Rosenkranz in seiner »Ästhetik des Hässlichen« festgestellt, dass »die Verschiedenheit des Geschlechts und der Altersstufen das Material zur Caricierung« abgeben. Das ist ein weiterer Hinweis darauf, dass sich Karikaturen besonders gut in den Rahmen des Themas »Frau und Alter« fügen. Das Ziel der Analysen – und eine besonders starke Herausforderung – war es, unter kultursoziologischen Aspekten die Botschaft der bei Karikaturen klar beabsichtigten Überzeichnungen herauszufinden.

## Karikaturen: Ein eigenes Genre zwischen Kunst und Journalismus

Bei meinen Überlegungen stütze ich mich vor allem auf die Untersuchung »Die politische Karikatur« von Franz Schneider (1988). Die von mir ausgewählten Darstellungen alter Frauen sehe ich durchaus im Kontext der »politischen« Karikatur. Das erweist sich auch dort, wo es auf den ersten Blick mehr um Illustrationen als um gezeichnete politische Kommentare zu gehen scheint.

Karikaturen sind lt. Schneider dadurch gekennzeichnet, dass sie »Eigenschaften, Kommunikationsstrategien und wohl auch Kommunikationstricks« meist aus anderen Bereichen entleihen und diese dann »zu einer neuen Kommunikationsform eigener Art« verschmelzen (ebd.14f). Karikaturen sind ein Stück Journalismus, denn sie werden »gemacht … für den aktuellen Anlaß« (ebd.20). Ohne einen solchen Aktualitätsbezug sind sie eventuell (nur) witzige Zeichnungen. Aktualität ergibt sich aus politischen Zusammenhängen; diese können aber auch gesellschaftliche Langzeitprobleme betreffen. Der Autor kommt so zu einer Art Definition: »Die politische Karikatur ist eine graphische oder graphisch-textliche Verfremdung von Aktualität, wobei die Verfremdungsanalyse den Betrachter zu einer Denk- bzw. Kombinationsleistung drängt, die dank der Verwendung komischer Verfremdungsmittel oft mit Lachen belohnt wird« (Schneider 2). Die Erzeugung von Lachen ist allerdings nicht das letzte Ziel. Es ist nicht der Zweck und nicht das Wesentliche von Karikaturen, »es ist vielmehr ein Mittel« (ebd. 24ff). Auf die Frage, wofür das Lachen ein Mittel ist, nennt Schneider zwei Punkte:

1. »Eine Karikatur verstehen heißt, sie dechiffrieren; heißt Symbole, Verkleidungen, Anspielungen, Assoziationen erkennen und in Verständnis übersetzen. Dies ist eine Gedankenleistung, der sich dann die Pointe als Belohnung erschließt.«

2. »Die zweite Antwort hängt mit der Tatsache zusammen, daß man im Scherz mehr sagen kann, Aggressiveres sagen kann als im Ernst. Was im Scherz gesagt ist, gilt nicht als Ernst, auch wenn es

ernst ist und ernst genommen wird. (…) Der Freiraum des Spaßes ist größer als der Freiraum des Ernstes, auch wenn der Spaß nur die Form des Spaßes und den Inhalt des Ernstes hat. Die Karikatur hat mit den größten Freiraum, den eine publizistische Darstellungsform überhaupt haben kann« (ebd. 24ff).

Nicht in der Übertreibung sieht Schneider das Wesentliche der Karikaturen, sondern in der »Gedanken-Brechung« und damit letztlich im Verfremden – das kann auch von einem beigefügten Text geleistet werden. Das bedeutet: Das Dargestellte bleibt erkennbar, wird jedoch zugleich fremd. »… die Verfremdung einer Aktualität … gehört zum Wesen der Karikatur, dies ist der zentrale Vorgang, wenn man durch Karikatur Kommunikation herstellen will« (46). Durch Verfremden wird ein Gegenstand oder Zustand so fremd gemacht, dass neue Fragen provoziert werden, etwa: »Was ist das? Wer ist er? – Und vor allem: Warum ist das so? Und als Antwort darauf: Es ist gar nicht selbstverständlich, dass es so ist, es könnte vielmehr ganz anders sein, es müsste eigentlich ganz anders sein …« (ebd. 48). Hier wird meiner Meinung nach der wesentliche Ansatzpunkt politischer Karikaturen benannt. Verfremdung dient einer »Ent-Selbstverständlichung« (Brecht, nach Schneider 46).

Bei Karikaturen kann das Verhältnis zwischen Bild und begleitenden bzw. ergänzenden Texten stark variieren, doch dabei gilt: »Die Beteiligung des Textes kann beliebig groß sein, die Beteiligung der Bilder aber nicht beliebig klein« (ebd. 76). Bilder bleiben das zentrale Element. Sowohl die Funktion der Texte als auch deren Platzierung kann sehr unterschiedlich sein.

### Zu Methode und Durchführung der Bildanalysen

Kultursoziologische Bildanalyse ist Bildinhaltsanalyse. Bilder sind Träger soziokultureller Muster, die prinzipiell einen sozialen Gehalt zum Ausdruck bringen. Bilder sind gekennzeichnet durch eine besondere Zweideutigkeit. Sie sind eine bestimmte Sorte von Zeichen, die sich als natürlich und transparent darstellen; dahinter verbirgt sich jedoch ein undurchsichtiger »Mechanismus der Repräsentation, ein Prozeß ideologischer Mystifikation« (nach Stefan Müller-Doohm 1993, 443f). Bilder sind demnach aus kultursoziologischer Perspektive als »Chiffren gesellschaftlicher Sachverhalte« zu verstehen und zu analysieren (ebd.).

Als Methode für die Untersuchung der Karikaturen habe ich die »Bildinterpretation als struktural-hermeneutische Symbol-Analyse« nach Müller-Doohm (1993) ausgewählt.

In den meisten Fällen ist die Bildbotschaft mit einer Textbotschaft verknüpft. Dies ist bei meinen Beispielen durchwegs der Fall. Daher sind Bild- und Textanalyse zu kombinieren. Gearbeitet wird mit einem Verfahren des Sinnverstehens, das sich auf die Einheit der Bild-Text-Botschaft bezieht (Müller-Doohm 1997, 84, 100). Bild- und Textbotschaft stehen grundsätzlich in einem engen Abhängigkeitsverhältnis, das zwar analytisch getrennt werden kann, aber im Verlauf der Interpretationsanalyse in seiner Wechselseitigkeit herausgearbeitet und nachvollziehbar gemacht werden muss. Das Verhältnis von Bild- und Textbotschaft muss von Fall zu Fall neu bestimmt werden (Müller-Doohm 1997, 102).

Sowohl die Bildbotschaft als auch die Textbotschaft stellen sich zweigliedrig dar. Zunächst geht es um die »nicht kodierte« Botschaft von Bild bzw. Text. Diese besteht in dem, was die dargestellten Objekte oder die verwendeten Wörter »natürlicherweise« bedeuten. Das andere ist die »symbolische Botschaft des Bildes« (Barthes in Müller-Doohm 1997, 10) bzw. die Vielfalt von möglichen Bedeutungen und Konnotationen von Wörtern und Wortverbindungen.

Die Analysen der Bilder (in diesem Fall der Karikaturen) sind als Einzelfall-Analysen im Sinne der qualitativen Sozialforschung angelegt (vgl. Lamnek 1995, 34). Sie bestehen aus drei Durchgängen:

Bei der Deskriptionsanalyse werden die Bild- und die Textelemente zunächst gesondert und schließlich gemeinsam beschrieben. Die Bilddaten müssen dabei in Sprache umgesetzt werden.

Bei der darauf folgenden Rekonstruktionsanalyse geht es darum, die Konnotationen herauszuarbeiten, d.h. jene zusätzlichen (emotionalen, expressiven, stilistischen usw.) Vorstellungen, die die

Grundbedeutung eines Wortes begleiten. Dies bezieht sich auch auf die Bilder, da deren Inhalt nur verbal ausgedrückt werden kann. Auch hier werden Bild- und Textbotschaft zunächst getrennt analysiert und dann zusammengeführt. Die Bedeutungsanalyse besteht aus zwei Teilen, nämlich aus Inhalts- und Formanalyse. Deren Ergebnisse werden als zwei Seiten einer einheitlichen Struktur der symbolischen Bedeutung von Bild und Text begriffen. Gefragt wird nach jenem symbolischen Bedeutungsgehalt, der als kultureller Ko-Text fungiert und die Basis für den dritten Analyseschritt bildet (Müller-Doohm 1997, 104). Am Ende des zweiten Durchgangs ist auch nach »Leerstellen« zu fragen. Wir können »niemals ein Bild verstehen, solange wir nicht erfassen, wie es zeigt, was nicht zu sehen ist« (Mitchell in Müller-Doohm 1997, 94).

Den Abschluss bildet die kultursoziologische Interpretation. Während für die beiden ersten Phasen der Analyse Leitfäden entwickelt worden sind, orientiert sich die abschließende Interpretation an jenen »kultursoziologischen Parametern«, die in der jeweiligen Forschungsperspektive im Vordergrund stehen (Jung et al. 1992, 258 und Müller-Doohm 1997, 99). Für meine Untersuchungen sind diese Parameter »Alter« und »Geschlecht«. Daraus ergeben sich für den letzten Schritt der Analyse die Konzentration auf die Figur der jeweils dargestellten alten Frau(en) sowie der folgende Fragenkatalog:

In welchem Zusammenhang, in welchem Ambiente werden diese Frauen dargestellt?
Was bedeuten die ihnen zugeschriebenen Attribute im Kontext der Gegenwartsgesellschaft?
Welche Botschaft wird mit Hilfe dieser konkreten Darstellungen alter Frauen vermittelt?
Welche Themen werden angesprochen? Haben diese tatsächlich etwas mit (alten) Frauen und deren Lebensrealität zu tun?
Weiters stelle ich die Frage nach der Bedeutung der Geschlechterrollen bzw. nach deren Austauschbarkeit.

## Auswahl der Karikaturbeispiele

Während eines längeren Zeitraumes habe ich, zunächst noch ohne bestimmte Verwertungsabsicht, neben verschiedenen Darstellungen alter Frauen in Printmedien auch Karikaturen gesammelt. Ich habe allerdings nicht gezielt gesucht. Mein »Fundus« beschränkt sich auf Beispiele aus Zeitungen und Zeitschriften, die ich regelmäßig lese oder fallweise bzw. zufällig in die Hand bekommen habe. Aus meinem Bestand habe ich schließlich fünf Karikaturen für die wissenschaftliche Analyse ausgewählt.

Ich habe darauf geachtet, dass in den ausgewählten Beispielen soweit auf den ersten und zweiten Blick feststellbar unterschiedliche Themen angesprochen werden und dass zu erwarten ist, dass bei der Darstellung der alten Frauen verschiedene Klischees und/oder (Stereo-)Typen erkennbar sind bzw. werden.

Alle von mir ausgewählten Beispiele gehören der Kategorie der Typenkarikaturen an. Das Bild-Text-Verhältnis zeigt sich dabei in unterschiedlichen Ausprägungen, es ist jedoch keine textlose Karikatur dabei.

Bei den fünf ausgewählten Exemplaren handelt es sich um folgende:

**K1**: Thema »Frauenpension«, Quelle: *Der Standard* 22.8.1996, Zeichner Jean Veenenbos
**K2**: Thema »Euthanasie«, Quelle: *Der Standard* 17.4.2001, Zeichner Jean Veenenbos
**K3**: Thema »Demokratie«, Quelle: *Augustin* Nr. 107, Nov. 2002, ZeichnerIn Ottagringo
**K4**: Thema »Die jungen Alten«, Quelle: »Gehört«. *Das Österreich 1 Magazin*, Juni 2002, Zeichnerin Reinhild Becker
**K5**: Thema »Aktives Alter«, Quelle: »Gehört«. *Das Österreich 1 Magazin*, Mai 2003, Zeichnerin Reinhild Becker

Die Beispiele 1 bis 3 gehören eindeutig der Kategorie der »politischen Karikatur« an. Die Beispiele 4 und 5 stammen aus einem illustrierenden Kontext. Ich habe sie wegen ihrer sozial-politischen Thematik dennoch in meine Auswahl aufgenommen.

Mit zu bedenken ist auch, aus welchen Printmedien die Bilder stammen. Hier eine kurze Charakterisierung der jeweiligen Zeitungen bzw. Zeitschriften sowie Hinweise auf deren Zielgruppen.

▶ K1 (»Frauenpension«) und K2 (»Euthanasie«) sind in der österreichischen Tageszeitung *Der Standard*, einem so genannten »Qualitätsmedium«, erschienen. Die links-liberale Blattlinie entspricht den Ansprüchen von intellektuellen, politisch und kulturell interessierten LeserInnen.

▶ K3 (»Demokratie«) ist der in Wien monatlich im Straßenverkauf angebotenen Zeitung *Augustin* entnommen. Dieses Blatt ist ein Sprachrohr von sozial benachteiligten Menschen, wendet sich aber auch an LeserInnen (oder zumindest KäuferInnen) aus besser situierten und sozial engagierten Kreisen.

▶ K4 (»Die jungen Alten«) und K5 (»Aktives Alter«) waren als Illustrationen in der ansprechend und kostenaufwändig gestalteten Programmzeitschrift des Radiosenders Ö1 »Gehört« enthalten. Damit wird ein im weitesten Sinn kulturell interessiertes Publikum angesprochen.

Ebenso zu berücksichtigen ist auch der Zeitraum, innerhalb dessen diese Karikaturbeispiele veröffentlicht worden sind. Er umfasst die Jahre zwischen 1996 und 2003. 1996 regierte in Österreich eine rot-schwarze Koalition (SPÖ/ÖVP). Seit dem Jahr 2000 und neuerlich ab 2002 wurde die Regierung von einer schwarz-blauen Koalition gebildet (ÖVP/FPÖ). Das Thema »Frauenpension« wurde also zu einer Zeit zeichnerisch dargestellt, als die Regierung aus einer Mitte-Links-Partei und einer Mitte-Rechts-Partei bestand, der damalige Bundeskanzler gehörte der sozialdemokratischen (»roten«) Partei an. Die Karikaturen zu den Themen »Euthanasie«, »Demokratie« sowie »Die jungen Alten« und »Aktives Alter« (Beispiele K2 bis K5) stammen aus der Zeit der Koalition der Mitte-Rechts-Partei ÖVP mit der Rechts-Partei FPÖ, unter Führung eines bürgerlich-christlichen (»schwarzen«) Bundeskanzlers.

Der Bezug zur jeweiligen politischen Situation in Österreich ist zwar kein Thema meiner Untersuchung, kann aber auch nicht ganz außer Acht gelassen werden, nachdem ich ausdrücklich »politische« Karikaturen ausgewählt habe.

## Ergebnisse der Bildanalysen

In diesem Abschnitt werden – gesondert für jedes Beispiel – die Ergebnisse der Bildanalysen wiedergegeben, und zwar auf der Basis der jeweiligen kultursoziologischen Interpretation, je nach Bedarf ergänzt oder modifiziert. Die darin enthaltenen Beobachtungen und »Behauptungen« mögen fallweise verkürzt erscheinen. Hier können sie nicht im Detail belegt werden. Sie stützen sich auf die umfangreichen, sorgfältigen Interpretationen der beiden ersten Analysedurchgänge. Diese werden auf Grund ihres Umfanges hier nicht wiedergegeben. (Nachzulesen sind sie im vollständigen Text meiner Dissertation.) Den Abschluss bilden zwei Zusammenfassungen. Zuerst werden die Botschaften der Bilder im Hinblick auf das Thema »Frau und Alter« herausgearbeitet. Danach wird anhand der untersuchten Beispiele die Darstellung alter Frauen in Verbindung mit aktuellen sozialen und politischen Themen diskutiert.

K1                                         *Der Standard* 22.8.1996

## K1: Karikatur »Frauenpension«, *Der Standard*, 22.8.1996

Eine Frau – eine alte Frau – bei einem Arztbesuch, in einem Ordinationszimmer. Frauen haben viele Leiden, klagen häufiger über Gesundheitsprobleme, haben jedoch im Vergleich zu Männern eine bessere Beziehung zu ihrem Körper, achten mehr auf die Signale von Körper und Seele. Sie gehen häufiger »zum Arzt«, leben länger als Männer, sie sind jedoch vor allem im Alter nicht gesünder als diese. Andererseits werden Frauen auf Grund ihrer »Biologie« auch viele Leiden zugeschrieben; Frau-Sein wird geradezu pathologisiert, zumindest in der Zeit zwischen Menarche und Menopause.

Eine Szene in einem Ordinationszimmer verweist also weit über die von der Karikatur angesprochene Problematik hinaus auf weibliche Lebens-(und Leidens)zusammenhänge. Das höhere Gesundheitsbewusstsein von Frauen und ihre längere Lebensdauer können jedoch nicht nur als Vorbild für Männer, sondern auch als Quelle von Belastungen des Gesundheits- und des Pensionssystems gesehen werden.

Die Frau wird charakterisiert durch Attribute, die einerseits »bösen« alten Frauen bzw. Hexen zugeschrieben werden, die andererseits Zeichen extremer Armut und Arbeitsbelastung sind. Der Glaube an Hexen (und Teufel) scheint aus der Gegenwartsgesellschaft verschwunden zu sein. Gehalten haben sich die Stereotypen, die bei einer solchen Karikatur herangezogen werden. Der Zeichner darf annehmen, dass sie den »LeserInnen« seiner Karikatur aus dem Vorrat des »kollektiven Unbewussten«, aus Mythen und Bildern vertraut sind. Bis heute werden beispielsweise überwunden geglaubte magische Vorstellungen in Bezug auf alte Frauen in Redensarten weiterhin transportiert (siehe Abschnitt 3). Nicht aus der Gesellschaft verschwunden, aber vielfach geleugnet und versteckt, ist Armut. Bekanntlich nimmt die Zahl armer bzw. armutsgefährdeter Menschen auch in reichen Ländern zu. Gerade auch alte Frauen schämen sich ihrer Bedürftigkeit und leben so unauffällig wie möglich. Ebenso gibt es viele Frauen, die spätestens im Alter von den körperlichen Belastungen ihrer Erwerbs-

und Familienarbeit gezeichnet und beeinträchtigt sind. Das soziale Netz hat in vielen Fällen zu weite Maschen.

Der Karikaturist verwendet die Figur dieser alten Frau, um auf ein tatsächlich für Frauen relevantes soziales Problem hinzuweisen. Eine besondere Ironie liegt darin, dass die Problematik vordergründig biologisiert wird. Die Biologisierung von gesellschaftlich relevanten Fragen im Zusammenhang mit der Geschlechterdifferenz ist ein häufiger Argumentationsversuch, der die soziale Realität verschleiert. Sogar die ökonomische Schlechterstellung von Frauen kann noch »zu Geld gemacht« werden. Das fügt sich ein in aktuelle politische Bestrebungen, soziale Risiken zu privatisieren.

Es geht im Fall dieser Karikatur nicht darum, alte Frauen durch die Art der Darstellung zu diffamieren. Das »Schattenspiel von Realität und Irrealität« (Schneider 1988, 118) kann den LeserInnen der Zeitung ein lange diskutiertes, ungelöstes gesellschaftliches Problem, das vielleicht schon bis zum Überdruss bekannt ist, mit Hilfe der Verfremdung, der Travestie, des (bitteren) Humors in einem neuen, starken, sehr klaren Licht zeigen. Wer sich von dieser Karikatur betreffen lässt, wird die damit aufgeworfenen Fragen vielleicht nicht so schnell wieder vergessen.

Die Vorstellung, dass eine ältere, etwas mollige, beruflich erfolgreiche Chirurgin in ihrer Praxis einen wesentlich älteren, ärmlich wirkenden, kleineren, dünneren Mann empfängt, der sich eine Geschlechtsumwandlung wünscht, ist schlicht paradox. Einerseits ist Allgemeine Chirurgie eines jener medizinischen Fächer, in denen Frauen besonders unterrepräsentiert sind (lt. Wiener Telefonbuch 2003/2004 beträgt das Verhältnis rund 1:10). Vor allem aber könnte kein alter Mann den Wunsch haben, eine alte Frau zu werden und damit den geringeren sozialen Status und die schlechtere materielle Absicherung dieser Bevölkerungsgruppe auf sich zu nehmen. Trotz der Tatsache, dass es auch viele ökonomisch und sozial schlecht gestellte Männer gibt, eignen sie sich nicht als Prototypen zur Darstellung der speziellen Probleme des »männlichen Alter(n)s« in Zusammenhang mit der durchschnittlichen Pensionshöhe.

K2: Karikatur »Euthanasie«, *Der Standard*, 17.4.2001

Die auf diesem Bild dargestellte Frau ist als alt zu erkennen auf Grund ihrer gesamten Erscheinung: Ein unförmiger, zusammengesunkener Körper, Hängebusen, mit Binden umwickelte geschwollene Beine, altmodische, abgetretene Hausschuhe, durch das Alter gezeichnete eher grobe Gesichtszüge, eine für alte Frauen (früher mehr als in der Gegenwart) typische Frisur mit Knoten, ziemlich große Ohren. Es sind Zeichen des körperlichen Verfalls, der Mühsal, auch der Schmerzen des Alters, die ihr zugeschrieben werden. Die Umgebung verweist allerdings auf einen gewissen – eventuell auch nur früheren – Wohlstand. Diese alte Frau kann eine jener Witwen sein, die nach dem Tod des Mannes und dem Fortgehen der Kinder allein in einer für ihre jetzigen Lebensumstände viel zu großen, nicht altersgemäß ausgestatteten Wohnung leben. Sie kann sich nicht mehr zu einer Übersiedlung in eine andere Umgebung (kleinere Wohnung oder Altersheim) entschließen. Sie ist sich selbst gegenüber »geizig« und spart, damit sie ihren Nachkommen Geschenke machen, ihnen vielleicht auch ein Erbe hinterlassen kann. In ihrer Einsamkeit wartet sie auf die seltenen Besuche von Kindern und Enkeln. Die Betreuung von Enkelkindern ist ihr auf Grund ihres Alters und ihrer körperlichen

Beschwerden nicht mehr möglich; damit hat sie auch keinerlei gesellschaftlichen Nutzen mehr. Falls sie eine hohe Pension hat, wird sie eventuell als Sozialschmarotzerin empfunden. Auch die große Wohnung kann Anlass zu Missgunst sein: Familien mit Kindern haben oft zu geringen Wohnraum, die Miete ist möglicherweise günstiger als in Neubauten. Und die alte Frau will nicht »gehen«, im doppelten Wortsinn.

Das Thema »Euthanasie« drängt sich auf bei der Betrachtung des Bildes: Die Silhouette der Windmühle im Fenster ist ein Verweis auf die gesetzliche Lage in den Niederlanden[4]; dazu die Injektionsspritze und der »Doktorkoffer« in den Händen des jungen Burschen im Vordergrund. Die Szene kann wie ein »Krimi« gelesen werden: Es ist der Moment nach der Tat. Die Frage der »Sterbehilfe« beschäftigt die mittel- bzw. westeuropäischen Gesellschaften in den letzten Jahren mit zunehmender Intensität. Den Hintergrund dafür bilden die demographischen Veränderungen, d.h. eine zunehmende Zahl alter und sehr alter Menschen und dem gegenüber weniger junge Menschen bzw. Kinder. Die Frage der zukünftigen Finanzierung von Pensionen ist ungelöst bzw. wird als unlösbar dargestellt. Aber nicht nur die Pensionskassen, auch die Gesundheitssysteme sehen sich mit steigenden Kosten durch die große Zahl alter Menschen konfrontiert. Tatsache ist, dass der größte Teil an Gesundheits- und Pflegekosten in der letzten Lebensperiode der Menschen anfällt. Tatsache ist auch, dass immer weniger Menschen aus den jüngeren Generationen die Betreuung alter Menschen übernehmen wollen und können. Das betrifft vor allem Frauen, denn diese Leistung wurde (und wird) vorwiegend von Frauen erbracht. Und in jeder Alter(n)sphase sind es auf Grund ihrer höheren Lebenserwartung mehr Frauen als Männer, die versorgt werden müssen.

Eine alte Frau ist das Opfer – nicht ein Mann. Und der Täter ist ein Bub – kein Mädchen. Das sagt einerseits etwas über Geschlechterstereotypen aus: Frauen als Opfer, Männer als Täter; andererseits werden auch – wie zumeist – Altersprobleme an

4 Seit dem 1. April 2001 ist die aktive Sterbehilfe unter bestimmten Bedingungen in den Niederlanden gesetzlich erlaubt.

Frauen dargestellt. Alter hat für Frauen einen anderen Stellenwert als für Männer.

Hier wird mit Hilfe der Figur der alten Frau auf Probleme verwiesen, die auch (alte) Männer betreffen, die darüber hinaus jedoch die ganze Gesellschaft herausfordern. Es geht nicht um diese konkrete Frau. Es geht um eine alte Frau als Prototyp für die Altersproblematik in heutigen Gesellschaften.

Wären die Geschlechterrollen hier umkehrbar? Wenn also ein alter Mann in eben diesem bürgerlichen Ambiente tot im hohen Ohrensessel sitzt: Würde dann ein Mädchen im Teenageralter mit »Do-it-yourself«-Ausrüstung und triumphierendem Blick fortgehen? Ich sehe die Szene anders. Sehr wohl kann der (vermutlich wohlhabende) Mann von einer Repräsentantin des weiblichen Geschlechts getötet worden sein. In meiner Vorstellung ist das dann aber eine attraktive, wesentlich jüngere Frau, die der Mann vielleicht in zweiter Ehe geheiratet hat, um von ihr betreut zu werden und seinen Status als Mann zu halten. Sie aber wollte nicht länger warten, bis »der Alte« endlich stirbt. Denkbar ist auch eine Situation, in der eine (unverheiratete?) Tochter ihren Vater pflegen muss. Sie aber möchte endlich die Möglichkeit haben, ihr eigenes Leben zu leben. Also greift sie zur Spritze.

K3 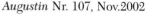 *Augustin* Nr. 107, Nov.2002

**Demokratie ist hierzulande ein sehr, sehr dehnbarer Begriff**

Zum Verständnis dieser Karikatur muss die politische Situation zur Zeit ihres Erscheinens kurz erläutert werden. Es geht um die politische Konstellation nach der zweiten Regierungsbildung der Koalition von Schwarz-Blau, d.h. ÖVP und FPÖ, im Jahr 2002. Die innenpolitische Situation wurde fallweise durch Äußerungen des Kärntner Landeshauptmannes Jörg Haider verschärft, der sich und seine »rechte« Partei als Hoffnungsträger für die Probleme des »kleinen Mannes« angeboten hat. Insgesamt war/ist die politische Situation in Österreich (nach Ansicht von Opposition und zahlreichen NGOs) durch Sozialabbau, Infragestellen und Unterlaufen demokratischer Strukturen und Institutionen sowie durch zunehmende Ausländerfeindlichkeit gekennzeichnet. Einen beträchtlichen Anteil an diesem Klima, das besonders sozial Schwache bedroht und benachteiligt, hat(te) die Tageszeitung »Neue Kronen Zeitung«, die als typisches Massen- und Boulevardmedium bezeichnet werden kann. Sie wird in Kommentaren häufig einfach »Kleinformat« genannt. Tierliebe und Ausländerfeindlichkeit haben darin einen hohen Stellenwert. Der (Haupt-)Eigentümer und ehemalige Chefredakteur des Blattes wurde häufig als »Hundestreichler« bezeichnet.

Die Zeitung Augustin bezeichnet sich ironischerweise ebenfalls als »Boulevardzeitung« und hat dasselbe »Kleinformat«. Sie dient als Sprachrohr für Menschen, die einen krassen sozialen Abstieg erlebt haben. Durch eine politische Entwicklung, die als »Rechtsruck« verstanden und bezeichnet wird, fühlen sich sozial Schwache besonders bedroht. Eine Karikatur wie die vorliegende reagiert auf diese Situation. Die starke Symbolik von »links« und »rechts« zeigt sich vor allem in der Dynamik des Bildes, in der Konzentration der Textteile rechts der Figur (im Bild allerdings links) sowie in der Bewegung bzw. Wendung von Sprechblase und Figur ebenfalls in diese Richtung.

Die auf diesem Bild dargestellte Frau wird in einem für »ältere Damen« oft als typisch bezeichneten Zusammenhang gezeigt, nämlich bei einer »Kaffeejause«. Diese hier findet eher in einem

Café oder in einer Konditorei statt als in einer Privatwohnung. Ein Treffen mit Freundinnen bei einer Kaffeejause, bei einem Kaffeekränzchen passt zu Frauen aus einer bürgerlichen Mittel- oder Oberschicht, die über genügend Geld und Zeit verfügen, denen eventuell auch oft langweilig ist. Der Austausch von Neuigkeiten, von »Tratsch«, gehört dazu, vielleicht auch das Klagen über die so genannten »Wehwehchen«. Besonders tiefgehende Gespräche werden dabei kaum geführt, Politik spielt vermutlich nur fallweise eine Rolle.

Diese »ältere Dame« verkörpert den Typ der »bösen« alten Frau, den Gegentyp zur freundlichen Großmutter. Sie wirkt nicht sehr weiblich, zeigt Andeutungen von altersbedingter »Vermännlichung«. Ihre Magerkeit, ihre scharfen Gesichtszüge, die Falten, eine Art Warze und die lange, spitze Nase entsprechen diesem Klischee. Ihre gepflegte Erscheinung, das Fehlen von Armutsattributen, täuschen nicht über die Anklänge an das Bild der »alten Hexe« hinweg. Sie strahlt keine Wärme aus, hat eher ein Herz für Tiere als für Menschen. Das ist vielleicht eine Kompensation für Einsamkeit, auch für Enttäuschungen, die sie mit Menschen erlebt hat. Darauf deutet der leicht traurige Ausdruck ihrer Augen. Vielleicht ist sie Witwe – mit einer Pension, die bequem ihre Existenz sichert –, vielleicht hat sie keine Kinder oder diese kümmern sich nicht um sie. Auch das Bild einer »bösen Schwiegermutter« drängt sich auf. Es fällt nicht leicht, für diese Frau Mitgefühl zu haben.

Der Gesamtzusammenhang der Karikatur macht sofort klar, dass es hier nicht um die Problematik alter Frauen geht, auch nicht darum, allgemeine Altersfragen anhand einer Frau darzustellen bzw. zu diskutieren. Diese Frauengestalt dient als Medium für eine politische Botschaft. Als Typ einer »Bourgeoise« erkennbar, bietet sie eine Projektions- und Angriffsfläche für Kritik von Menschen, die gesellschaftlich benachteiligt sind, einen sozialen Abstieg erleben mussten, dem »Proletariat« angehören. Diese Bezeichnungen sind hilfreich zur Typisierung, auch wenn sich ehemals klare Schichtbegriffe inzwischen aufgelöst haben. Geballte Indolenz, dumpfe Ahnungslosigkeit und Mangel an sozialem »Feeling« werden einer solchen Figur ebenso zugeschrieben wie ein unreflektierter Hang zu politisch »rechten« Meinungen und Haltungen. Diese Einstellung wird häufig bei Menschen vermutet oder auch wahrgenommen, die jene Jahrgänge verkörpern, die das Gedankengut der NS-Zeit verinnerlicht haben und unreflektiert weiter vertreten. Von jüngeren Angehörigen des politisch rechten Sektors unterscheiden sie sich vermutlich nicht nur durch ihr Alter, sondern auch durch die jeweilige Akzentsetzung im Hinblick auf deutschnationale und so genannte »freiheitliche Ideen«. Sie bilden einen Teil des Wählerreservoirs »rechter« Parteien. Ältere Angehörige typisch bürgerlicher, materiell abgesicherter Kreise wählen allerdings vermutlich zu einem großen Teil ÖVP und sei es nur aus langjähriger Gewohnheit.

Grundsätzlich könnte die gesamte Problematik auch am Beispiel eines Mannes dargestellt werden. Dafür käme aber kaum ein Mann aus dem Milieu der dargestellten Frau in Frage. Einem »Herrn Hofrat«, dem Gegenbild zur »älteren Dame«, würde kaum soviel Beschränktheit zugewiesen. Wenn schon ein Mann, dann würde sich in diesem Zusammenhang ein typischer »Kleinbürger«, ein »Stammtisch-Politiker«, eine Art »Herr Karl« (Copyright Helmut Qualtinger) anbieten. Allerdings wird der politische Gegner noch um einiges mehr lächerlich gemacht und herabgewürdigt, wenn er in Gestalt einer Frau, und dazu noch einer alten, hässlichen, dummen Frau, personifiziert wird. Die Darstellung einer alten Frau bedient sich eben dann aller nur denkbaren Klischees, die den BetrachterInnen vertraut sind. Dieser Teil der Karikatur ist zugänglich und leicht zu lesen.

DIE „JUNGEN" ALTEN
(RADIO KOLLEG)

K4: Karikatur »Die jungen Alten«,
»Gehört«. Das Österreich 1 Magazin, Juni 2002

Die Frau steht ganz allein da. Die Szene, eine »Momentaufnahme«, fixiert sie in ihrer Position. Es gibt keinen Hintergrund, keine Andeutungen eines räumlichen Kontextes. Sie ist isoliert wie unter einer Glasglocke. Die Richtung ihres Blickes spricht jedoch dafür, dass es ein Publikum gibt. Sie wird beobachtet, erregt Interesse, Aufmerksamkeit. Eine Frau, die mit 85 aussieht wie ihre eigene Tochter, wird bewundert. Ihr Anblick kann Jüngeren Hoffnung vermitteln. Mit dem Alter(n) ist es vielleicht doch nicht so schlimm. Offenbar ist vieles machbar. Wenn sich alte Menschen nicht nur lange Zeit attraktiv, sondern auch fit erhalten können, ist die Belastung für das Sozialsystem eventuell nicht so stark. Die Themen Alter, Krankheit, Sterben können zumindest beim Anblick dieser Frau beiseite geschoben werden. Man bewundert sie, feiert ihren Geburtstag, schenkt ihr eine wunderschöne Torte und eine kleine Kostbarkeit – und kann wieder zur Tagesordnung übergehen. Die Frau erfüllt die Erwartungen ihrer Umgebung. Das hat sie vermutlich in ihrem langen Leben gelernt. Sie bietet eine Projektionsfläche für die Wünsche ihrer Mitmenschen bzw. für deren unausgesprochene Ängste.

Wer kennt den Preis für diesen Erfolg? Vermutlich ist die Gefeierte nicht arm. Die Perlen, das Schmuckstück im Päckchen, die gepflegte Erscheinung weisen darauf hin. Sie hat sicher auch etwas zu ihrem Aussehen beigetragen: Sie ernährt sich bewusst, turnt regelmäßig, leistet sich Kur- und Wellnessaufenthalte, pflegt ihre Interessen. Vielleicht hat sie auch schönheitschirurgische Eingriffe hinter sich. Ist dabei ein Fehler mit der Nase passiert? Aber darüber spricht man nicht. Hier steht eine Frau, die es geschafft hat.

Was bedeutet der Eindruck, sie könnte nicht ganz im Gleichgewicht sein? Besteht die Gefahr, dass sie kippt, dass die ganze »Vorstellung« kippt? Ihr Beine und Füße sind nicht zu sehen. Wie fest steht sie auf dem Boden der Tatsachen? Wie groß ist der soziale Druck, der auf ihr lastet? Wie lange kann sie die Illusion von Jugend aufrechterhalten? Wie ist es um ihr inneres Gleichgewicht bestellt? Stellt sie sich der Tatsache, dass auch sie über kurz oder lang von Altersbeschwerden heimgesucht werden kann, vom Tod auf alle Fälle eingeholt wird? Ist das ein Thema anlässlich ihres 85. Geburtstages? Falls sie überhaupt auf den Gedanken kommt zu sagen: »Ich bin eine alte Frau«, so wird sie mit großer Wahrscheinlichkeit von ihrer Umgebung beschwichtigt.

Die mit dieser Karikatur (und dem zugehörigen Text) angesprochenen Themen betreffen alte Menschen ganz allgemein, und darüber hinaus die gesamte Bevölkerung. Für die Illustration des Themas »Alter« werden allerdings, so wie hier, Darstellungen alter Frauen weitaus häufiger herangezogen als die alter Männer. Ein Frauenproblem ist Alter insofern, als Frauen die Mehrheit der alte(rnde)n Menschen ausmachen. Außerdem stehen Frauen ganz allgemein unter dem Diktat von Jugendlichkeits- und Schönheitsnormen. Alte Männer werden wesentlich später als »alt« wahrgenommen, Alter kann bei ihnen auch als »Reife« interpretiert werden.

Wie würde ein Mann dargestellt, der das Bild der »jungen« Alten vermitteln soll? Vermutlich wäre er durchaus als nicht mehr jung zu erkennen, wäre aber dennoch »fesch«. Mit seinem Sohn könnte man ihn kaum verwechseln. In sein Bild würde wahrscheinlich der Eindruck von finanzieller Saturiertheit, von Gepflegtheit, aber auch sexuelle Attraktivität verpackt. Am ehesten könnte ein »junger« Alter männlichen Geschlechts bei einer Sportausübung gezeigt werden. Eine Torte und ein kleines Päckchen wären da kaum so wichtig. Und die Angabe seines Alters würden vermutlich er selbst und seine Umgebung einfach unterlassen.

K5 »Gehört«. Das Österreich 1 Magazin, Mai 2003

AKTIVES ALTER
(DIMENSIONEN 26.5.)

K5: Karikatur »Aktives Alter«
»Gehört«. Das Österreich 1 Magazin, Mai 2003

Zwei alte Frauen: Die eine, links im Bild, der Typ der guten Großmutter mit den dazugehörigen Attributen: rundliche Figur, rundes, freundliches Gesicht, wellig-lockiges Haar. Sie ist bereit, es mit dem Ballspielen zu versuchen. Die andere, rechts im Bild: größer, hagerer, mit betont korrekter Kleidung, einem eher strengen Gesicht und einer seltsam verschrobenen Frisur. Durch die Brille wird ihr eine gewisse Intellektualität zugeschrieben. Sie kommt den Klischees »alte Jungfer«, »Lehrerin« und »Hexe« ziemlich nahe. Ihr ist auch der Stock zugeordnet. Ebenfalls von Bedeutung ist der Schmuck, den die beiden tragen: Bei der »Großmutter« baumelt ein Ohrgehänge, klirren die Armreifen, bei der »alten Jungfer« ist die Brosche im Halsausschnitt fest gesteckt. Also: springender Ball und beweglicher Schmuck, starrer Stock und fixierte Brosche.

(Alte) Frauen und Ballspielen: Begeben sie sich damit auf ein eher männlich konnotiertes Gebiet, auch wenn es Basketball ist? Welche Bedeutung hat die Positionierung des Balles zwischen den Beinen der einen Frau und dessen an die Form eines Penis gemahnende Naht? Wird damit eine Vermännlichung alter Frauen angedeutet?

Beide Frauen werden – nicht nur durch das Mittel des Karikierens – auch dem Typ der »komischen Alten« zugeordnet. Dieser Typ ist in Mediendarstellungen mehr oder weniger überzeichnet häufig zu sehen. Auch in einer photographischen Darstellung hätte die Szene eine gewisse Komik und Skurrilität. Ob es in der Absicht der Zeichnerin gelegen ist oder nicht: Das Programm »Aktives Alter« wird durch dieses Arrangement in gewisser Weise ironisiert bzw. in Frage gestellt. Vielleicht ist das auch ein Hinweis darauf, dass zwischen den Erkenntnissen eines Geriatrie-Kongresses und der Umsetzung der Resultate doch einige Hindernisse liegen. Zwei Botschaften sind es also, die mit dieser Karikatur vermittelt werden: An der »Oberfläche« Information und Motivation alter Menschen, auf der darunter liegenden Ebene Vorbehalte oder Zweifel.

Die Problematik des Alter(n)s betrifft beide Geschlechter, allerdings in unterschiedlichen Ausprägungen. Der Anteil alter Frauen ist in allen Alters-Stufen höher als der der Männer und nimmt mit steigendem Lebensalter zu. Alters-Themen werden generell häufiger an Frauen als an Männern aufgezeigt, vor allem, wenn es um Defizite körperlicher, finanzieller oder anderer Art geht. Das ist auch hier der Fall. Es ist kaum anzunehmen, dass sich das Programm »aktives Alter« nur an Frauen richtet. Bei Bildern alter Männer wird allerdings deren Aktivität und Fitness weit häufiger betont als Betreuungsbedürftigkeit und Hinfälligkeit. Sie werden auch seltener (vorder- oder hintergründig) komisch bzw. skurril dargestellt.

Wie würde ein alter Mann – oder besser –, wie würden zwei alte Männer beim Ballspiel dargestellt werden? Ballspielen ist bei Männern im allgemeinen Fußballspielen. Frauen betreiben diesen Sport (noch) sehr selten. Es ist durchaus vorstellbar, dass zwei alte Männer beim »Kicken« gezeigt würden, und sie könnten das ver-

mutlich noch recht gut, auch mit einem Stock in der Hand würde
keiner nur zögernd dastehen, während der andere schon »schießt«.
Ballspiel = Fußballspiel = Männersache. Für die meisten Frauen
hat ein Ball entweder keinen oder einen anderen, geringeren Stellenwert.

K5 a                                                   gehört Oktober 2003

DIE ZUKUNFT DES ALTERNS
(DIMENSIONEN 14. 10.)

Einige Monate nach dem Ö1-Programmpunkt »Aktives Alter«
wurde ebenfalls in der Sendung »Dimensionen« das Thema »Die
Zukunft des Alterns« behandelt (14.10.2003). Auch dazu hat die
Karikaturistin Reinhild Becker eine Illustration gezeichnet. Diese
zeigt einen Mann mit einem Stock, einem »Dreipunktstock« in der
Hand. Und nicht beim Ballspielen ist er zu sehen, jedoch in vollem Schwung und auf Inlinern. Auch das hätte eine Illustration
zum Thema »Aktives Alter« sein können. Auch dieser Mann wirkt
komisch. Doch er hat immerhin ein fröhliches Lächeln im Gesicht, bewegt sich leichter, gelöster als die beiden Frauen. Ist er in
seinem Herzen und mit seinem Charme vielleicht noch immer ein
»großer Bub«? Vielleicht ist das »aktive« Alter doch eher eine
Männersache? Im Übrigen: dass ein Mann allein, Frauen jedoch
zu zweit dargestellt werden, verweist darauf, dass Frauen generell
größere soziale Kompetenz zugeschrieben wird. Klischee oder
Realität?

## Schlussdiskussion Karikaturen

In meinen folgenden Überlegungen verwende ich für die Bildbeispiele die schon weiter oben eingeführten Kurzbezeichnungen K1 bis K5.

## Botschaften der Bilder im Hinblick auf das Thema »Frau und Alter«

Einzelfallstudien wie die vorliegenden Analysen von (nur) fünf Karikaturen haben keine generalisierbaren Resultate als Ziel. Sie eignen sich jedoch zur »wissenschaftliche(n) Rekonstruktion von Handlungsmustern auf der Grundlage von alltagsweltlichen, realen Handlungsfiguren« (Lamnek 1995, 34). So können hier manche Aspekte deutlich werden, die generell die Lebensrealität alter Frauen und den gesellschaftlichen Blick darauf wiedergeben und diese wie mit »Spots« beleuchten. Dabei werden Einseitigkeiten und Verkürzungen in der öffentlichen (und privaten) Wahrnehmung alter Frauen deutlich. Dem entspricht eine Zusammenfassung, die sich ihrerseits auf Schlagworte beschränkt.

▶ Alte Frauen leben häufig allein. Sie sind oft auf Besuche von (vor allem jüngeren) Familienmitgliedern angewiesen und warten sehr darauf. Die Beziehungen zwischen den Generationen sind jedoch nicht ohne Interessensgegensätze. Für Kontakte im Alltag sowie gemeinsame Aktivitäten wie Kaffeehausbesuche bevorzugen alte Frauen Altersgenossinnen. Ein Tier kann als Ersatz für fehlende menschliche Beziehungen dienen.

▶ Frauen suchen nicht nur im Alter relativ oft Ärzte auf. Ordinationszimmer gehören ebenso wie Kaffeehäuser zu jenen »öffentlichen Räumen«, in denen alte Frauen passend erscheinen. Ein Sportgelände ist dagegen eher untypisch bzw. wie andere derartige (Außen-)Bereiche männlich konnotiert. Private Innenräume werden (nicht nur alten) Frauen am häufigsten zugeordnet. Daraus ergibt sich, dass ihre körperlichen Verhaltensweisen öfter statisch als dynamisch dargestellt werden.

► Alte Frauen zeigen häufig die (äußeren) Zeichen von Altersarmut.

► Weiblichkeit und damit sexuelle Attraktivität bzw. Aktivität wird alten Frauen generell abgesprochen. Wenn eine alte Frau diesem Klischee durch (unglaubwürdig) jugendliche Erscheinung widerspricht, wirkt sie lächerlich bis skurril.

► Die relativ lange Lebenserwartung von Frauen wird als Belastung sowohl für das Gesundheits- als auch für das Pensionssystem gesehen. Die in Medien seltene, bei den vorliegenden Beispielen ganz ausgesparte Darstellung von Pflegebedürftigkeit sowie das Thema Euthanasie enthalten einen Appell: Fallt euren Angehörigen und der Allgemeinheit nicht zur Last! Entsprecht den Bildern der »aktiven« Alten oder werdet möglichst unsichtbar. Die Erwartungen ihrer Umgebung zu erfüllen, haben die meisten der heute alten Frauen im Allgemeinen ein Leben lang gelernt und geübt.

Die Auswirkungen der Geschlechterdifferenz und Generationen-Unterschiede begründen für alte Frauen häufig stark hierarchisierte Benachteiligungen im Hinblick auf gesellschaftliche Wertung, ökonomische Situation und Chancen für eine Lebensführung nach eigenen Wünschen und Vorstellungen. Auch das Selbstbild alter Frauen spiegelt diese Fakten und/oder Projektionen wieder. Vor allem aber wird deutlich, wie sehr Geschlecht und Alter nicht nur biologische Tatsachen, sondern auch gesellschaftliche Konstrukte sind.

## Die Darstellung alter Frauen in Verbindung mit aktuellen sozialen und politischen Themen

In K1 wird das Thema der mangelnden ökonomischen Absicherung von Frauen im Alter angesprochen. Diese Problematik hat sich in Österreich seit Erscheinen der Karikatur verstärkt. Mit Mitteln der Verfremdung und skurrilen Überzeichnung wird ein besonders grelles Licht auf eine ungelöste sozialpolitische Frage geworfen. Die Spannung zwischen Arm und Reich wird deutlich aufgezeigt. Implizit ist auch ein Hinweis auf die Tendenz zur Privatisierung sozialer Risiken enthalten.

In K2 wird auf vergleichbare Weise die ebenfalls gesellschaftlich relevante und ungelöste Frage der Euthanasie thematisiert. Nicht zufällig sind eine alte Frau als Opfer und ein junger Bursch als Akteur gewählt worden. Die Thematik betrifft allerdings alte Männer grundsätzlich ebenso wie alte Frauen. Auch hier wird auf politischen Handlungsbedarf in Zusammenhang mit demographischen Veränderungen verwiesen. Ähnlich wie in K1 wird auch hier mit starker Überzeichnung und intensiver Symbolik gearbeitet.

Vor dem Hintergrund einer aktuellen innenpolitischen Situation in Österreich wird in K3 eine – zumindest auf den ersten Blick – völlig anders gelagerte Thematik angesprochen, die mit Fragen des Alters oder des Geschlechts zunächst nichts zu tun hat, von demographischen und schichtspezifischen Aspekten einmal abgesehen. Die detailreich gezeichnete Figur der alten Frau ist das »Transportmittel« für ironische, auch bittere und hoffnungslose Kritik an innenpolitischen Verhältnissen, die zu Ausgrenzung und Chancenlosigkeit von sozial Schwachen führen. Unter diesen befinden sich nicht nur, aber auch viele ältere und alte Menschen. Es geht also wieder um Sozialpolitik, um die Verteilung von Macht und Ressourcen.

In den Karikaturen K4 und K5 wird nochmals eine andere thematische Ebene aufgegriffen. In beiden Fällen geht es um die aktuelle Tendenz, das Alter als eine Lebensphase neuer Aktivitäten und Chancen darzustellen. Alt(ernd)e Menschen sollen über die Medien angeregt werden, sich diesen Entwicklungen zu öffnen und anzuschließen. Bei beiden Beispielen, die alte Frauen in sehr unterschiedliche Zusammenhänge stellen und eine sehr »flache« Wirkung haben, ist ein hohes Maß an möglicherweise unbeabsichtigtem Zynismus erkennbar. Den Hintergrund bildet auch hier ein starker gesellschaftlicher Druck, nämlich solchen Idealbildern des Alter(n)s zu entsprechen und zur materiellen und psychischen Entlastung der jüngeren Generationen beizutragen.

Nur ein einziges Beispiel, nämlich K1, behandelt ein ausschließlich für alte Frauen relevantes Problem. K2 sowie K4 und K5 stellen Zusammenhänge dar, die für beide Geschlechter im Alter von

Bedeutung sind. Dabei beziehen sich K1 und K2 auf das Defizit-Modell von Alter(n), K4 und K5 vorwiegend auf das Kompetenz-Modell. K3 hat mit dem Thema Alter inhaltlich höchstens am Rande zu tun. Wenn in all diesen Fällen alte Frauen als Zentralfiguren verwendet werden, zeigt das die starke Tendenz auf, Altersthemen in der Öffentlichkeit mit alten Frauen als Prototypen zu illustrieren. Auch in dieser Hinsicht ist das Alter weiblich.

## Zusammenfassung
### »Alte Frau im Bild« – Teil 1 und Teil 2

In Abschnitt 3 habe ich mich zunächst mit solchen Bildern von alten Frauen beschäftigt, die sich in gewissermaßen idealtypischer Form im Lauf von Jahrhunderten herausgebildet und erhalten haben. Dabei habe ich auch nach der aktuellen Bedeutung dieser Konstruktionen gefragt. Immer wieder aufgegriffen und variiert, sind sie in heutigen Mediendarstellungen häufig erkennbar. Danach habe ich Bildbeispiele aus der Werbung vorgestellt, welche die Grundlage der von mir herausgearbeiteten »Typen« alter Frauen bilden. Jedes von ihnen hätte reichlich Stoff geboten für ausführliche Bildanalysen, wie ich sie schließlich im Abschnitt 4 am Beispiel von Karikaturen durchgeführt habe.

Die Untersuchung dieser besonderen Bildform im Spannungsbereich zwischen Kunst und Journalismus hat erkennen lassen, wie KarikaturistInnen zurückgreifen auf jenen »verfremdbaren Schatz« an Symbolik und an Allgemeinwissen einer Gesellschaft, der für die Entschlüsselung von Karikaturen notwendig ist (vgl. Abschnitt 4). In meinen Beispielen zu finden waren Hinweise auf die Gestalt der Großmutter, auf Bilder der bösen und der dummen Alten, selbst die alte Jungfer taucht noch auf. Ebenso wurden das Klischee der »Jungen Alten« und das des »Aktiven Alters« aufgegriffen. Auch die Polarisierung von Defizit- und Kompetenzmodell des Alter(n)s (vgl. Abschnitt 2) ist erkennbar. Meine Analyse von politischen Karikaturen verweist aber neben anderen Aspekten der thematischen Verbindung von Frau und Alter auch auf aktuelle Fragestellungen im sozialpolitischen Bereich. Vor allem zeigt sich deutlich, in welcher Weise mit der Darstellung alter Frauen »gearbeitet« wird, wofür sie gebraucht werden können. Offensichtlich sind Frauen ganz allgemein repräsentativ für »Alter«. Das bedeutet: Hinter dem Generalthema »Alter« verschwinden Frauen – alte Frauen – gerade auch dadurch, dass sie und wie sie gezeigt werden. Bildliche Darstellungen können also eine besondere Art von Unsichtbarkeit erzeugen.

Diese Form der Unsichtbarkeit verschränkt sich mit der Festlegung alter Frauen auf bestimmte Klischees und Stereotypen. Die Ergebnisse der Untersuchung von traditionellen Bestandteilen des Altersdiskurses auf der symbolischen Ebene und von real vorgefundenem Bildmaterial zeigen eine Engführung der »Bilder« auf, die in starkem Kontrast steht zu der Vielfalt der realen Lebenslagen alter Frauen. Umgelegt auf das Modell der »gefährlichen Kreuzung« (Abschnitt 2) ist auch hier die Auswirkung von mehrfacher Diskriminierung zu erkennen: Ein relativ großer Teil der Gesellschaft, nämlich alt(ernd)e Frauen bzw. deren tatsächliche Lebensumstände verschwinden aus dem »öffentlichen Blick« und damit aus dem öffentlichen Bewusstsein.

# 5. Feministisch alt werden?[5]

## Teil 1

Bis hierher habe ich mich mit der Verbindung der beiden The-
menbereiche Alter und (weibliches) Geschlecht im Kontext der
westlichen, europäischen, gegenwärtigen Gesamtgesellschaft beschäftigt. Meine feministische Ausgangsposition (Abschnitt 1) war
dabei wirksam und erkennbar als eine Art von Leitfaden, entlang
dessen sich meine Überlegungen und Fragen bewegt haben. Aus
verschiedenen Perspektiven bin ich dem speziellen »Ort« von
Frauen im Altersdiskurs näher gekommen. Ziel war das Aufspüren
der Bedingungen und Mechanismen, die alte Frauen »unsichtbar«
werden lassen. Ansatzweise wurde auch herausgearbeitet, wie sich
die soziologische Forschung mit den Bereichen Alter und Geschlechterdifferenz beschäftigt. Die Ergebnisse sind in Abschnitt
2 bzw. am Ende des vorigen Kapitels zusammengefasst. Damit
wurde eine Ausgangsbasis und Vergleichsmöglichkeit geschaffen
für die weiteren Schritte, mit denen ich ausdrücklich feministischen Boden betrete.

Mein Forschungsinteresse gilt der Frage, ob sich im Bereich der
Frauenbewegung bzw. des Feminismus Unterschiede gegenüber
den bisher erhobenen Befunden feststellen lassen (vgl. Abschnitt
1). In einem ersten Schritt untersuche ich mit Hilfe von Interviews »gelebtes Frauenleben« im Spannungsfeld von Alter, Frau-
Sein und Feminismus.

---

5  Die Überschrift zitiert den Titel des Heftes Nr. 56 (3/2001) der Zeitschrift
   Der Apfel

## Vorüberlegungen

Bei der Auswahl der Interviewpartnerinnen habe ich mich auf Frauen beschränkt, die an meinem Wohnort Wien leben und die in etwa meinem sozialen Umfeld entsprechen, so dass sie von mir leicht erreicht werden konnten. Sie waren mir entweder persönlich gar nicht oder nur durch flüchtige Begegnungen bekannt. Die Kontaktaufnahme erfolgte durch direktes Ansprechen sowie durch Briefe bzw. Emails an die jeweiligen Frauen. Auch an Institutionen habe ich mich mit der Bitte um Vermittlung gewendet, eine Verbindung hat eine gemeinsame Bekannte hergestellt. Alle Anfragen wurden positiv beantwortet.

Zunächst wollte ich nur diejenigen Frauen interviewen, die sich selbst ausdrücklich als Feministinnen verstehen. Da dies jedoch eine zu starke Einengung bedeutet hätte, habe ich auch jene Frauen einbezogen, auf die dies nicht zutrifft.

Meine Vorgabe hat darin bestanden, dass die potentiellen Gesprächspartnerinnen mindestens fünfzig Jahre alt sein sollten. Ich gehe auf Grund persönlicher Erfahrungen davon aus, dass für Frauen ab fünfzig das Thema Alter(n) zumindest unter einem oder auch mehreren Gesichtspunkten Bedeutung hat. Das bedeutet ausdrücklich nicht, dass ich Frauen ab fünfzig als »alt« einordne. Im Übrigen habe ich mich bemüht, Personen aus unterschiedlichen gesellschaftlichen bzw. politischen »Lagern« sowie aus verschiedenen feministischen Gruppierungen anzusprechen. Ich wollte die Erfahrungen und Einstellungen aus einem möglichst breiten weltanschaulichen Spektrum wahrnehmen können.

Die Anzahl der analysierten Interviews beträgt fünf. Nach der Auswertung konnte ich eine »Sättigung« auf der inhaltlichen Ebene, nämlich im Hinblick auf die für mich relevanten Fragen feststellen. Daher habe ich keine weiteren Frauen mehr interviewt.

**Die Interview-Partnerinnen**

**Geburtsjahrgänge:** 1929 bis 1946
Alter zur Zeit der Interviews: 56 bis 73 Jahre
**Persönliche Situation:**
Keine der Befragten lebte zur Zeit der Interviews (2002) mit
einem Partner oder einer Partnerin zusammen – soweit das aus
den Daten bzw. den Gesprächen zu entnehmen war. Zwei Frauen
waren geschieden, zwei unverheiratet, eine Frau noch verheiratet,
jedoch getrennt lebend. Einer kinderlosen Frau standen vier
Frauen mit Kindern (auch Adoptivkindern) sowie Enkelkindern
gegenüber.

**Bildungsweg:**
Alle Befragten hatten eine über die Matura hinausgehende Aus-
bildung.

**Berufssituation:**
Alle Frauen waren auf sehr unterschiedlichen Berufsfeldern mit
eigenem Erwerbseinkommen tätig. Die vier bereits pensionierten
Frauen waren weiterhin in verschiedenen Bereichen, teils ehren-
amtlich, teils bezahlt, mit viel Engagement aktiv. Die eine noch im
Beruf stehende Frau hatte aus familiären Gründen ihre Erwerbs-
laufbahn unterbrochen und musste im Hinblick auf genügend
»Pensionsjahre« weiterhin erwerbstätig sein.

**Die Interviews**

Mit Hilfe eines »Leitfadens im Kopf« habe ich in den Gesprächen
Schwerpunkte gesetzt und danach meine Fragen gestellt. Wesent-
lich für meine Untersuchung waren die folgenden thematischen
Blöcke:

▶   Alter – Frau – Gesellschaft
▶   Alter – Frau – individuell
▶   Feministische Selbstpositionierung und ggf. feministisches
Umfeld

Weiters habe ich nach Kontakten mit Gleichaltrigen und Jüngeren außerhalb der Familie, nach politischen Gruppierungen und Interessensvertretungen gefragt.

Es ist klar, dass sich im Verlauf der Gespräche die Themen überschnitten haben und dass der Blick auf gesellschaftliche Aspekte stark von der jeweiligen individuellen Situation geprägt war.

Nicht alles musste ich ausdrücklich erfragen, vieles war spontanen Äußerungen zu entnehmen. Die Gesprächsatmosphäre war durchwegs offen und angenehm. Bei der Wiedergabe von Äußerungen bezeichne ich die Interviewpartnerinnen mit B2 bis B6[6]. Mundartliche Ausdrücke und Wendungen habe ich in meine Niederschriften übernommen.

## Alter – Frau – Gesellschaft

»Das erste Wort, was mir dazu einfällt, ist katastrophal« (B4).

Die Befragten haben sich rasch und direkt auf das Thema eingelassen. Dass alte Frauen »gesellschaftlich … im Out sind« und »einen schlechten Stellenwert haben«, konstatiert B3. Sie sieht diese Situation noch in verstärktem Ausmaß für Singles. Als »nicht mehr brauchbare … manchmal auch etwas lästige Personen« werden lt. B2 alte Frauen wahrgenommen. »In dieser Gesellschaft, die mit Alter nix am Hut hat, (sind) Frauen besonders als alte Frauen sehr schlecht angesehen. Es ist so, dass sie … einen quasi schlechten Ruf haben, weil ma glaubt, sie seien unangenehm, kleinlich, nicht aufgeschlossen« (B4). Die Zugehörigkeit zu »Gesellschaftsschichten« sieht B5 als relevant für die Situation von Frauen im Alter. »Eine alte Frau, die … in der Familie eingebettet ist, hat … einen anderen Stellenwert als eine alte Frau, die möglicherweise … behindert ist, die krank ist, die wenig Geld hat«. Als »weise Frauen« sind die Alten lt. B 5 nicht mehr gefragt.

Keine der Befragten hält die Lage alter Frauen für günstig. Ihr gesellschaftlicher Stellenwert und ihr Ansehen, ihre finanzielle und

---

6 B1 war mein Gegenüber bei einem ersten »Sondierungsgespräch«, das nicht in die Gesamtauswertung aufgenommen wurde.

gesundheitliche Situation werden als problematisch bzw. negativ angesehen. Ursachen dafür sind vor allem die Folgen der nach wie vor bestehenden geschlechtsspezifischen Arbeitsteilung. Das bedeutet u.a. niedrige oder gar keine Alterspensionen und dadurch geringere Konsummöglichkeiten. Ein (Kosten-)Punkt ist auch das höhere Krankheitsrisiko von Frauen trotz/bei längerer Lebensdauer. Jetzt alte Frauen sind »zumeist ökonomisch abhängig vom Ehemann, wenn er schon gestorben ist, hams Glück ghabt, dann kriegens a Witwenrente – war jetzt zynisch gemeint … aber wenn sie geschieden sind, sitzen sie also in der Scheißgasse. Und wenn sie keinen durchgängigen Verlauf eines Arbeitslebens haben, dann schauns durch die Finger, das heißt also diese ganz geringen Pensionen …« (B2). Aus eigener Erfahrung verweist B3 auf die spezielle Benachteiligung von Frauen, die ihre Erwerbstätigkeit zurückgestellt haben auf Grund der Familienarbeit und später vom Ehemann zugunsten einer jüngeren Partnerin verlassen wurden. Dass die Wurzeln der ökonomischen Chancenungleichheit im Alter ganz allgemein in früheren Lebensphasen liegen, zeigt B5 auf: »Wenn die Frau die Hälfte für die selbe Arbeit verdient, dann fangts ja da schon an und das … geht dann weiter.« Dies illustriert B5 auch am Beispiel der wenig hilfreichen Behandlung von arbeitslosen »nicht mehr jungen« Frauen durch das Arbeitsmarktservice (AMS).

Einen Grund für das geringe Ansehen alter Frauen sieht B2 darin, dass sie als »nicht mehr brauchbare, weil jenseits des gebärfähigen Alters befindliche Personen« betrachtet werden, die höchstens noch als Großmütter nützlich sind. Sie stellt fest, dass Frauen dann »auch gleich sexuelle Attraktivität und das Recht auf sexuelle Aktivität abgesprochen wird.« Ebenso wie bei der ökonomischen Situation sehen die Befragten hier große Unterschiede gegenüber der Lage alter Männer. Diese sind im Verhältnis finanziell de facto besser gestellt, werden medial bedeutend günstiger präsentiert und sind vergleichbaren Diskriminierungen auf Grund ihres Alters weniger ausgesetzt.

In einem Punkt sehen alle Gesprächspartnerinnen Vorteile für Frauen: im Bereich sozialer Kompetenzen und Beziehungen.

Frauen sind »sehr viel kommunikativer«, haben »Freundschaften aufgebaut ihr Leben lang, also zwischenmenschliche Beziehungen, soziale Beziehungen ...«(B2). B4 sieht bei alten Frauen »ein sehr starkes Potenzial im sozialen Bereich«. Sie erlebt Frauen »viel flexibler. Sie haben schon immer mit Schwierigkeiten zu kämpfen gehabt, na, is halt die Altersschwierigkeit, na und. Und ich sehe durchaus eine viel größere Bereitschaft, nachher etwas Neues anzufangen.« Doch auch bei Sozialkontakten ist es schwieriger für sehr familienorientierte Frauen, wenn sie verlassen bzw. geschieden werden. Das weiß B3 aus eigener Erfahrung.

Als Hintergrund vieler Probleme, von denen alte Frauen betroffen sind, betrachten die Interviewten den »blödsinnigen Jugendkult ... dem die Gesellschaft ja aufsitzt.« Die wirklich Alten entsprechen nicht der »vitalen Gesellschaft«, sind in der »Leistungsgesellschaft ... nicht sehr geschätzt, gefragt« (B5). Damit hängt die Beobachtung zusammen, dass Frauen oft »nicht in Würde altern.« »Erschreckende« Beispiele werden angeführt. »Eine Frau, die ein bissl jünger ist als ich, und die hat sich immer unheimlich viel ... auf das Äußere und die Jugend ... zugute getan, und die war blitzartig eine früh vollendete komische Alte. Weil das kann ma net durchhalten. (...) Ma ist eine reife Frau, und wenn man sich dem nicht stellt, dann wird man ein armes Luder, ein Opfer« (B4). »Schaust jung aus, willst von uns nichts, bist noch gut benützbar und hast du Geld – alles andere macht Angst.« Das ist die Erfahrung von B6.

Alle Befragten haben sich zur Darstellung alter Frauen in den Medien kritisch geäußert. B2 beurteilt diese nicht nur als »diskriminierend«, sondern in vielen Fällen »frech und entwürdigend.« Den Unterschied zu alten Männern sieht sie darin, dass diese auch im Alter noch als »flott« und »attraktiv« präsentiert werden. Soweit in der Werbung alte Frauen überhaupt aufscheinen, sind diese lt. B3 »super gesunde, fesch ausschauende, aktive, sportliche Frauen.« Wirklich »alte, kranke Menschen überhaupt, aber auch bsonders Frauen, die gibt's dann eben nicht mehr, die ham zu sterben.« Sofern ein Ehepaar gezeigt wird, »ist der Mann ... kann durchaus älter sein, schon weiß und mit Bauch ... die Frau hinzu ... die ist immer jünger« (B5). Klischees wie die von »jungen, dynamischen« Alten als konsumkräftige Zielgruppe einerseits und hilflosen Betreuungsbedürftigen andererseits werden von den Medien reproduziert. In Verbindung mit dem Thema »Pensionen« werden vorwiegend Frauen gezeigt, die »sehr dürftig« oder »sehr ärmlich« angezogen sind und meistens »am Parkbankerl sitzen« (B5).

Bezeichnungen für alte Frauen bzw. für die unterschiedlichen Altersstadien sind offensichtlich ein schwieriges Thema. Dabei kommt jeweils die persönliche Perspektive ins Spiel, die sich im Laufe des eigenen Altwerdens stark verändert. B2: »Mir kommen jetzt, ich bin 62, Frauen mit 82 eigentlich alt vor. Na, früher hätt i mi gwundert, dass die überhaupt no leben. Und i glaub, dass sich … die Betrachtensweise, wen man als alt einschätzt … dieser Abstand zwischen dem eigenen Alter und dem wie mans einschätzt, scho vergrößert. Weil sonst würd ich ja heutzutage eine, die zehn Jahr älter ist … schon als Greisin oder sehr oid betrachten.« Älter oder alt, Seniorin oder Fünfzigplus, Greisin oder Hochbetagte – alle diese Ausdrücke werden problematisiert, sprachlich und von der Zuordnung her. »Wo fängt man an, als Frau alt zu sein?«, fragt B5. Denn: »Eine sechzigjährige Frau ist heute noch nicht alt, für sich und … für die Gesellschaft nicht.« Es wird deutlich, dass die Bezeichnung »älter« leichter akzeptiert wird als »alt«.

B6 hat mehrmals von den Ängsten der Jüngeren gegenüber alten Menschen gesprochen und fragt sich nach ihrer eigenen Einstellung in früheren Jahren. B5 denkt an ihre Großmutter als Achtundachtzigjährige, die »lieb gelächelt« und »sich gefreut hat, wenn ich komm.« B2 (selbst ohne Nachkommen) sieht die Großmutterposition ambivalent: »Ein Aspekt ist, dass sie für die berufstätige Töchtergeneration nützlich sind.« Von den »Frauen, die jetzt … in Pension sind, (hatten) viele … nicht selber die Gelegenheit, ihre Töchter aufwachsen zu sehen. Und … manche genießen es, die Enkel jetzt wenigstens aufwachsen zu sehen. Ah, da kommen dann die Schuldgefühle … dazu. Aber ganz viele Frauen haben einfach keinen Bock auf Großmutter-Sein und zweimal eingesetzt zu werden, ob sie jetzt berufstätig waren, was ja bedeutet, sie waren doppelt belastet oder dreifach, weil sie auch noch den Alten daham versorgen müssen.«

Mit dem Thema »Alter« bzw. mit alten Menschen sind die Befragten auf unterschiedliche Weise persönlich konfrontiert. Die intensivsten Kontakte erlebt eine der Frauen durch ihre Arbeit in einem Pflegeheim. Eine andere besucht »seit zwanzig Jahren« regelmäßig Bekannte und Verwandte in Heimen. B4 hat sich schon früh für alte Frauen interessiert. Sie fühlt sich mit ihnen »verbunden« und hat im Rahmen ihrer journalistischen Tätigkeit faszinierende Begegnungen erlebt. B5 ist auf Grund ihrer Funktion »gezwungen«, sich mit der Altersthematik zu beschäftigen. In einem SeniorInnenverband erlebt sie die Schwierigkeit, »ältere Menschen dazu zu bringen, sich … zu interessieren und zu engagieren« für Verbesserungen, etwa im Bereich von Pflegeheimen.

Die Befragten sehen Handlungsbedarf auf der politischen bzw. gesetzlichen Ebene. Das bezieht sich ebenso auf eine nicht vorhandene Seniorenpolitik wie auf mangelhafte Absicherung von Frauen, die im Alter von Ehemännern verlassen werden. Kritisiert werden – angesichts der Altersarmut vor allem von Frauen – das Fehlen einer Grundsicherung, die schlechte Qualität von nicht zu teuren Pflegeeinrichtungen oder die Privatisierung von Institutionen wie »Betreutes Wohnen«. Für diskussions- und veränderungsbedürftig wird die Verteilung des Lebenseinkommens gehalten. Ferner wird die »Männerdominanz« bei der Vertretung der Interessen alter Menschen durch Seniorenverbände angemerkt.

Die Tatsache, dass sich die Befragten vom Thema meiner Interviews nicht abschrecken ließen, lässt auf einen relativ hohen Grad an Selbstbewusstsein und Reflexionsvermögen schließen. Dabei muss berücksichtigt werden, dass es sich um Frauen aus einem privilegierten Bereich der Gesellschaft handelt. Alle hatten Zugang zu Bildung über die Matura hinaus, alle waren bzw. sind erwerbstätig, sie setzen ihre Tätigkeiten auch als Pensionistinnen in formellen oder informellen Bereichen fort.

Auf Grund dieser Personenauswahl kann nicht auf ein gleiches Problembewusstsein von Frauen in anderen, vor allem weniger begünstigten Milieus geschlossen werden. Trotz einer Reihe von

Übereinstimmungen in der kritischen Beurteilung der gesellschaftlichen Situation alter Frauen zeigen sich auch große Unterschiede. Jene Frauen, die als »links« bezeichnet werden können, betonen vor allem politische Verantwortlichkeiten; die eher »bürgerlichen« Frauen beziehen sich stärker auf die Privatsphäre, ohne den gesellschaftlichen Bereich völlig auszuklammern[7].

Der Umgang mit Geschlechterrollen ist ebenfalls sehr unterschiedlich. Die traditionellen Polarisierungen von weiblich/männlich werden teils akzeptiert bzw. bestätigt, häufig jedoch kritisch zurückgewiesen. Die Auswirkungen der geschlechtsspezifischen Arbeitsteilung werden einerseits negativ gesehen, etwa als Ursache der weiblichen Altersarmut, aber auch positiv als Grundlage der Entwicklung besonderer sozialer Kompetenzen. Auf das Fehlen einer Alterskultur in der Gegenwart wurde mehrmals hingewiesen.

Insgesamt zeigen die Äußerungen der Interviewten ein breites Spektrum dessen, was ich in diesem Themenbereich erfragen wollte: Die Sicht von schon oder in absehbarer Zeit selbst »Betroffenen« auf die Lage alter Frauen in unserer derzeitigen Gesellschaft. Aus den Unterschiedlichkeiten ließen sich Fragen darüber ableiten, welche Erfahrungen bzw. Meinungen in der Gegenwartsbevölkerung vorherrschen, jeweils bezogen auf verschiedene Alters-, Geschlechts- und Bildungs-Gruppen. Aus den Übereinstimmungen kann geschlossen werden, dass zumindest in bestimmten sozialen Schichten die Brisanz der Altersproblematik, insbesondere im Hinblick auf Frauen, im Bewusstsein verankert ist und ebenso kritisch wie besorgt reflektiert wird.

### Alter – Frau – individuell

Die Auseinandersetzung der Befragten mit der Altersthematik auf der persönlichen Ebene wird vom jeweils eigenen kalendarischen Alter in vieler Hinsicht geprägt. Dies gilt jedoch nicht so eindeutig in Bezug auf die Bereitschaft, von sich selbst zu sagen: »Ich bin

---

7 Die Problematik dieser sehr eindimensionalen Zuordnungen ist mir bewusst.

eine alte Frau!« Im Laufe der Gespräche habe ich jede der Frauen gefragt, wie sie zu dieser Selbstaussage steht und ob sie Erfahrungen damit hat. Die den Jahren nach Jüngste (56) hat ihre »gleichaltrigen ... oder sogar auch etwas älteren Freundinnen« damit »total schockiert« und zu hören bekommen: »Bis du wahnsinnig, du bist doch nicht alt, du bist überhaupt nicht alt, und wir sind noch jung und fesch ...«. Ebenso ergeht es der den Jahren nach Ältesten (73): »Du bist nicht alt« ist die häufige Reaktion. B4, damals 61, hat diese Aussage zunächst für sich zurückgewiesen. Sie sah dabei die Gefahr von »Koketterie«, also so etwas wie »fishing for compliments«. Im Gespräch ist sie allerdings zu der Meinung gekommen, es könnte wichtig sein, sich bewusst als »alte Frau« zu bezeichnen und den Beschwichtigungen entgegenzutreten. Die beiden anderen haben mit Zurückweisung bzw. leichtem Ausweichen reagiert: »Ich weiß noch nicht, wie es mir damit gehen wird« bzw. »also, ich werde mit Vergnügen älter.«

Alter als »Befreitsein von Zwängen«, so lautet der Grundtenor der Aussagen von B2.

»Das beginnt ja mit der Pensionierung, das heißt i muss nimmermehr arbeiten, um mein Leben zu verdienen.« B2 sieht sich privilegiert, denn sie »war in der glücklichen Lage ... mir mein Geld zu verdienen mit etwas, was mir Spaß gemacht hat.« Ihr Engagement in der Politik, vor allem auch »in Frauenangelegenheiten«, kann sie nun nach eigenem Ermessen und »mit mehr und mehr Vergnügen« fortsetzen. Für B2 »war des eine Erlösung ... von der Menstruation befreit zu werden, es is eigentlich eh nur lästig und ich habe nie Frauen verstanden, die da also ins mythische Delirieren geraten sind darob ... und außerdem denke ich, dass wir ein bisschen eine Närrinnenfreiheit auch haben, weil wir ... keine falsch verstandenen Rücksichten mehr nehmen müssen.« Die »Privilegien des Älterwerdens« genießt sie und bedauert nur, »dass i no net so alt bin und so alt ausschau, dass ma die Leut in der Straßenbahn gern einen Platz anbieten, des wär mir manchmal recht.«

B6 steht lieber in öffentlichen Verkehrsmitteln, erlebt jedoch als Reaktion auf ihre körperliche Beweglichkeit, dass sie »im persönlichen Bereich überhaupt nicht als alt wahrgenommen« und dadurch oft überfordert wird. Die Bewertung ihrer nachberuflichen Aktivitäten durch ihre Umgebung ist völlig unterschiedlich, je nachdem ob sie (im Hinblick auf die gleiche Tätigkeit) sagt »Ich treffe mich mit N. im Kaffeehaus« oder »Ich habe einen Termin«. Ihre »erweiterten Möglichkeiten, mit Zeit umzugehen«, findet B6 »wunderbar und zum Staunen.« Sie legt Wert auf das »Selbstbewusstsein des Selbständiglebens« und auch darauf, zu sagen: »Ja, ich bin dreiundsiebzig, warum soll man mir das nicht ansehen?«

»Ich altere gerade.« Die Schwierigkeit, »über etwas zu reflektieren, wo man drinnen steckt«, konstatiert B4. Alt werden findet sie jedenfalls »viel leichter, wenn man ein sehr bewusstes Leben lebt« und »nicht daran festhält, dass man immer eine schöne und attraktive Frau sein soll, also in dem üblichen Sinn ... Natürlich wolln wir alle schön sein, aber es gibt eine Schönheit im Alter auch.« Das eigene Leben in die Hand nehmen, etwas daraus machen, sich »die Umstände vom Hals schaffen« und »möglichst wach und bewusst sein« hält sie für entscheidend. »Es gibt ein Leben vor dem Tod, da halt ich mich dran.« Ein wertvolles »Potenzial« des Alters sieh B4 darin, eine Situation rascher einschätzen zu können, einen »viel schnelleren Überblick« zu haben. Ihre zeitliche Verfügbarkeit für andere schränkt sie entsprechend ihren veränderten Bedürfnissen ein.

Das »Weggehen« ihres Mannes hat B3 als »unheimlichen persönlichen Schock« erfahren. Zum ersten Mal in ihrem Leben ist sie sich »alt vorgekommen« und hat gedacht: »Jetzt genügst du halt nicht mehr.« Zu ihrem Gefühl, alt zu sein, trägt auch die Großmutterrolle bei und das Wahrnehmen, »wie (anders) die Jungen ihr Leben leben. Da denk ich mir ... na ja, eigentlich bist scho alt.« Durch den Besuch eines Single-Tanzkurses fühlt B3 sich »wieder etwas jünger.« Obwohl sie dort eine der Ältesten ist, hat sie das Gefühl, mit ihrem Äußeren durchaus zu den anderen zu passen.

Die persönliche »Beschäftigung mit dem Alter« ist für B5 »noch nicht wirklich so toll drinnen, das ist noch nicht im Mittelpunkt.« Allerdings: »Ich steh zu meinem Gesicht ... mit all dem, was ich so durchgegangen bin ... aber ... ich habe nicht immer gelitten.« Das

Thema Gesundheit/Krankheit im Alter ist für sie derzeit nicht aktuell.

»... das Einzige, was mich .... mehr und mehr ... zum Grübeln ... verleitet, des is net so sehr das Altwerden, sondern ... krank zu werden, wurscht, ob jetzt geistig oder körperlich – des is ka guats Gfühl. Des is des was mi wirklich stört am Älterwerden, diese Ungewissheit.« B2 fände es »doch fein, ich wüsste, wanns zu Ende geht, also wann i stirb. Da könnt ich mir nämlich manches anders oder besser einteilen.« Wenn sie wüsste, dass es »nur mehr fünf Jahre san, da hauat i des Göld, des ich auf der hohen Kante hab, am Schädel.« Aber wenn es vielleicht noch zwanzig Jahre dauert, »dann brauch ich die hohe Kante.« Die Furcht, krank zu werden, ist für B2 das Einzige, was sie darin einschränkt, »mit Vergnügen älter« zu werden.

B3 erlebt kaum gesundheitliche Beeinträchtigungen, »obwohl i a Gastritis hab und solche Sachen, aber ... des hat man als a Junger auch.«

B4 »mag die Altersspuren.« Aber: »Natürlich bin ich traurig über die schlimmen Altersspuren.« Sie kann herzlich lachen, etwa über ein Gebiss, »das zischt«. Ihr Hörgerät trägt sie offen und »zelebriert« das humorvoll am Arbeitsplatz. Doch sie findet es auch »tragisch, dass es Sachen gibt, die ... heißen, also es geht in eine endgültige Richtung. Also Zahnausfall, Haarausfall, Harn und so weiter ...« Wichtig findet sie, Beeinträchtigungen nicht nur auf das Altsein zu schieben, sondern die Möglichkeit von Behandlungen wahrzunehmen. Im Übrigen gilt für B4: »Ich tanze ... und hänge die anderen völlig ab, wenn ich auf den Berg geh ... Ich geh auch laufen und ... hab irrsinnig viel Kraft in den Beinen. Aber wenns ums Heben geht, denk ich an meinen Beckenboden ...« Als persönlichen Verlust, als »Abfall«, erlebt sie die Verminderung ihres früher »glanzvollen« Gedächtnisses für Namen, für Personen und Gesichter. Sie lässt sich durch andere nicht beschwichtigen, denn sie muss sich »an sich selber messen.«

B6 möchte, etwa wenn sich ihr Hörverhalten ändert, »in einem gewissen Sinn ohne zu jammern Abschied nehmen.« Und das bezieht sie nicht nur auf »körperliche Gegebenheiten«, es sind »physische und seelische Bereiche«, sie erlebt »Veränderungen von Wahrnehmungen … oder Veränderungen von Gefühlen …« Auch sie muss manchmal »nach Namen kramen«, obwohl sie früher »so ein gutes Gedächtnis hatte«, und ärgert sich über Beschwichtigungen.

B3 muss sich, auch bei den »allerbesten Freunden«, sehr anstrengen, um noch eingeladen zu werden, etwa zu einem »Nachtmahl mit Paaren«, nicht zu einem »Frauenkränzchen«. »Na ja, du bist ja allein« lautet die Antwort, wenn sie sich beschwert. Sie hat sich »vorher nie gedacht«, dass Frauen ohne Partner eben »nicht überall akzeptiert« werden, das ist ihr erst in ihrer jetzigen Situation klar geworden.

B2 fühlt sich diskriminiert, wenn sie mit Frauen in einem Restaurant »einfach schlechter bedient« wird als »gemischte oder Männergruppen.«

Als Einzige der von mir Befragten ist B4 mit Hinweis auf ihr Alter offen angepöbelt worden. Sie ist mit dem Fahrrad »bei Grün blinkend« noch über eine Kreuzung gefahren. »Irgendein Mensch in einem Cabrio wollte schnittig in die Kurve« und hat etwas gerufen mit »depperte schleichende Alte, oder irgend so was in der Preislage, irgendwas mit langsam und alt, das weiß i jetzt nicht genau.« B4 war schlagfertig genug, um zurückzuschimpfen: »Und du bist vielleicht ein junger Trottel! … Du bist jetzt scho deppert …«

Ihre finanzielle Lage haben nur zwei der Befragten ausdrücklich thematisiert. Einerseits ist es die »privilegierte Bundespensionistin«, die ihre jetzigen finanziellen Möglichkeiten an der Zeit misst, als sie mit einem Einkommen auch für Kinder zu sorgen hatte. Der andere Fall betrifft das Problem, noch eine eigene Pension zu erarbeiten, die jedoch keinesfalls die Existenz sichern wird. Diese Frau wird auf einen Pensionsanteil ihres in neuer Partnerschaft lebenden Mannes angewiesen sein. Sorgen bereitet die Vorstellung, ein Pflegefall zu werden – und die Gewissheit, sich nicht »in eine tolle Senioren-Residenz einkaufen« zu können (B5). Weder sie noch B3 erwarten, dass sie von ihren Nachkommen betreut werden. B4 will »nicht unbedingt sehr alt werden, nicht hundert Jahre oder neunzig ...« Bei dieser Thematik werden starke Unsicherheit und Zukunftsängste spürbar. Auch B2 hat darüber in Verbindung mit ihren Geldreserven (»hohe Kante«) gesprochen.

Aus der Sicht der Befragten können Männer im Allgemeinen mit dem Altern eher schlecht umgehen. Ihnen wird im Vergleich zu Frauen eine geringere Bereitschaft zur Auseinandersetzung mit Altersdefiziten und ein stärkerer Hang zur Verdrängung zugeschrieben. Dabei spielt die Angst vor der Beeinträchtigung der sexuellen Attraktivität bzw. Aktivität eine bedeutende Rolle. Leistungsverhalten steht auch bei sportlichen Betätigungen von Männern eher im Vordergrund als das Vorbeugen oder Kompensieren im Hinblick auf altersgemäße Abbauerscheinungen. Das häufige Interesse alt(ernd)er Männer an jüngeren Frauen wird als Verleugnung ihres Alters gesehen. Auch die häufig geringe soziale und kommunikative Kompetenz von Männern wird als Ursache von deren Schwierigkeiten beim Umgang mit dem Altern genannt.

Die Äußerungen der Interviewten über das eigene Alter(n) lassen eine große Bandbreite erkennen. Dabei zeigen sich – wie in der Auseinandersetzung mit dem gesellschaftlichen Bereich – Unterschiede ebenso wie Übereinstimmungen.

Ziemlich einheitlich ist die positive Einstellung gegenüber dem eigenen Aussehen. Auch der bewusste Umgang mit erlebten Stärken wie Schwächen (sofern sie registriert werden) ist weitgehend wahrnehmbar. Vier von fünf Interviewpartnerinnen berichten über durchaus lustvolle und interessante Aktivitäten, teils fortgeführt, teils wieder oder neu aufgenommen. Das hängt vermutlich damit zusammen, dass ihre eigene Erwerbstätigkeit ebenso wie die gleichaltriger Frauen in ihrem Umfeld als sehr selbstverständlich erlebt wird. Im Zuge meiner Auswahl der Interviewten hat die Frage nach ihrer beruflichen Tätigkeit keine Rolle gespielt. Dass sie (mit nur einer Ausnahme) ohne familienbedingte Unterbrechung erwerbstätig waren bzw. es über das Pensionsalter hinaus auch sind, kann für die Generation, der sie angehören, keinesfalls verallgemeinert werden.

Eher charakteristisch ist für derzeit alternde Frauen, dass sie allein leben, wie es bei allen Befragten der Fall ist. Sie waren entweder nie verheiratet, sind geschieden oder leben vom (Noch-)Ehepartner getrennt. Diese Tatsachen waren mir bei der Auswahl der Befragten nicht bekannt. Im Alter allein lebende Frauen bilden einen hohen Bevölkerungsanteil. Sowohl dessen Prozentsatz als auch das Durchschnittsalter dieser Gruppe werden sich in den kommenden Jahren und Jahrzehnten erhöhen. Dass vier von fünf der Befragten Kinder haben, zum Teil auch Enkel, entspricht stark den tradierten Vorstellungen davon, was eine »richtige« Frau ausmacht. Zwei von ihnen waren allerdings stets Alleinerzieherinnen, eine dritte während eines großen Zeitraumes.

Nach früheren oder aktuellen Partner-Beziehungen habe ich nicht gefragt, Äußerungen dazu sind spontan gekommen. Grundsätzliche Skepsis, Bedauern über das mangelnde Interesse gleichaltriger Männer, eine Partnerschaft ohne Zusammenwohnen sowie nicht weiter kommentierte Scheidungen werden erwähnt. Tiefe Verletzungen hat das Verlassenwerden zugunsten einer jüngeren Frau hinterlassen. Eine solche Situation kann als typisch für viele Frauen der jetzt alternden Bevölkerungsgruppe(n) gesehen werden.

Tradierte weibliche Rollenmuster werden von einer der Befragten ausdrücklich positiv beurteilt, wobei gerade diese Frau ihre lebenslange Unabhängigkeit und selbstverständliche Erwerbstätigkeit sehr betont. Die anderen Befragten stellen die traditionellen Geschlechterrollen teilweise vehement in Frage bzw. gehen selbst offenbar ziemlich souverän damit um. Kinder zu haben wird eher als eine Selbstverständlichkeit vermittelt und nicht besonders betont, mit der einen Ausnahme, in der es um Adoptivkinder geht. Keine der Befragten definiert sich über ihr Mutter- oder Großmutter-Sein. Eine der Interviewten hat keine Kinder, sie problematisiert diese Tatsache nicht. Diese Meinungen bzw. Verhaltensweisen halte ich für die in Frage stehende Altersgruppe nicht für selbstverständlich und damit auch nicht für repräsentativ. Sie können als ein Hinweis darauf gesehen werden, dass in der Generation meiner Interviewpartnerinnen traditionelle Rollen- und Verhaltensmuster sowohl noch gelebt als auch durchbrochen oder aufgeweicht werden.

Zu ihrem eigenen Altern oder Altsein äußern sich die Befragten weitgehend positiv bzw. zumindest ohne größeres Bedauern. Durch unterschiedliche Bemerkungen wird allerdings das Wahrnehmen der damit verbundenen Abschiede, Einschränkungen und Kränkungen deutlich. Einmal ist es die Feststellung, dass sich der Wunsch nach einer neuen Partnerschaft nicht erfüllen wird. Ein anderes Mal der Hinweis darauf, dass manche körperlichen oder mentalen Verluste endgültig sind. Die Ungewissheit und/oder Angst in Bezug auf Krankheit und Pflegebedürftigkeit, die Hoffnung, nicht allzu alt zu werden und den Hinweis auf die Unausweichlichkeit des Sterbens rechne ich ebenfalls zu diesen Äußerungen. Nicht alle Gesprächspartnerinnen haben allerdings ihre Vorstellungen von den kommenden Jahren oder Jahrzehnten thematisiert. Das Wissen um das geringe Ansehen alter Frauen in der von Leistungs- und Jugendlichkeitsideologien geprägten Gesellschaft, das im vorigen Abschnitt erörtert worden ist, kann wohl als Hintergrund der Äußerungen zum individuellen Altern mitgelesen werden. Auch Frauen, die so wie die Interviewten in Hinblick auf Bildung, Beruf, Selbständigkeit und eigenes Einkommen privilegiert sind, entkommen nicht der Realität von Alters- und Frauendiskriminierung.

## Ich bin (k)eine Feministin

Bei diesem Themenbereich habe ich mit den Interviewten nicht diskutiert bzw. nicht nachgefragt. Vor allem die ablehnenden Stellungnahmen und deren Begründung wollte ich in keiner Weise beeinflussen oder korrigieren. Die Aussagen der Befragten ordne ich nach dem von mir wahrgenommenen Grad der als politisch verstandenen Selbstpositionierung innerhalb bzw. außerhalb der feministischen Bewegung. Diesen Teil der Gespräche gebe ich auf Grund ihrer Bedeutung für mein Forschungsthema ausführlicher im Originalton wieder als andere Interviewteile.

*Interview mit B2:*
Das Interview fand an einem 17. Juli statt. Sofort zu Beginn wurde das ausgeprägte feministische und historische Bewusstsein von B2 deutlich. Sie verwies auf das Datum der Französischen Revolution drei Tage vorher und kritisierte, dass damals »im Französischen das Wort ›Droits des Hommes‹ erfunden« wurde. Wegen der sprachlichen Gleichsetzung von Mensch und Mann (l'homme) hat B2 in ihrer früheren Tätigkeit darauf bestanden, »Droit humain« zu sagen, gerade auch im Hinblick auf das Schicksal von Olympe de Gouges[8].

B2 bezeichnet sich als »nach wie vor oder wieder engagiert in Frauenangelegenheiten.« Sie betont die politische Bedeutung der Abschaffung des Frauenministeriums im Jahr 2000, sieht das als »Signale und Zeichen« und glaubt, »dass die Frauen, die also immer wieder das Frauenministerium kritisiert haben, zu Recht oder zu Unrecht, erst dann gesehen haben … welche Bedeutung es hatte, und zwar net nur eine symbolische, sondern eine sehr praktische.« B2 meint, dass »das auch eine Erziehungsmethode oder eine Form der politischen Bildung wäre, so was nach wie vor zu haben, ein Bezugspunkt für die Frauen.«

B2 definiert Feminismus »so, dass ich meine, es ist der Kampf

---

8  Olympe de Gouges (geb. 1748), französische Revolutionärin, Kämpferin für die Menschenrechte, bedeutende Frauenrechtlerin ("Erklärung der Rechte der Frau und Bürgerin" 1791), wurde 1793 hingerichtet.

darum, dass die Menschen verschiedenen Geschlechts gleich behandelt werden, gleiche Chancen haben, und zwar wirklich net nur am Papier, weil am Papier, dieses ist geduldig.« B2 bekämpft »diese biologistischen Argumentationen … die herbeigezerrt werden, also warum Frauen des net und jenes nicht und so weiter.«

Ihre Entwicklung zur Feministin bezeichnet die Interviewte als »ganz natürlich aus ihrer politischen Überzeugung heraus«, denn »wenn schon demokratisch, dann ist das ja ein demokratisches Defizit wann i also die Mehrheit der Menschheit so irgendwie am Rand lasse.« B2 meint, »dass man sich eigentlich mit diesem Titel (Feministin, EH.) schmücken kann.« Sie glaubt, »dass wir selber definieren, was wir sind … und uns nicht schimpfen lassen sollen als Feministin … das nicht auf uns sitzen lassen sollen … das ist was, was wir selber definieren müssen, nicht andere … die uns irgendetwas unterstellen.«

B2 ist viel in der Welt herumgekommen und hat oft erlebt, dass Frauen »in anderen Weltgegenden … gsagt haben, also Feministin bin ich keine. Und wenn ich dann also erklärt hab, was Feminismus für mich und überhaupt … bedeutet und was er tut und soll, dann, a so, na wenn das so ist, dann bin ich schon Feministin.« Und ganz viele Frauen haben sich »fürderhin auch Feministin genannt und sich nicht mehr dafür geschämt«, wenn ihnen unterstellt wurde, Feministin zu sein.

Auf meine Frage, was sie denn diesen Frauen erklärt hätte, antwortet B2, dass es darum geht, »danach zu trachten und alles zu tun, dass Männer und Frauen in der Gesellschaft den gleichen Stellenwert, die gleichen Chancen, die gleiche Bildung, also alles, also … als gleichwertige Menschen nicht nur am Papier festgeschrieben werden, sondern das auch leben können.« Dazu gehört lt. B2, »dass man die Gesetze ändern muss«. Für sie ist das »keine Ideologie, sondern etwas unheimlich Praktisches.«

Probleme hat B2 mit manchen feministischen Gruppierungen. »Als ich die ersten feministischen autonomen Frauengruppen kennen gelernt hab hier in Österreich, war ich manchmal schon ein wenig entsetzt darüber, wo ihre Prioritäten gelegen sind … und über Abgrenzungen, die manche von ihnen geschaffen haben …

Wo sie also Frauen, die mit Männern Beziehungen hatten, unterstellt haben, mit dem Feind zu schlafen … und die besseren Feministinnen waren auf jeden Fall die lesbischen.« B2 hat das immer »sehr ungerecht und eigentlich empörend gefunden.« Sie glaubt, dass das zwar ein wichtiger Aspekt ist »in dem ganzen Szenarium, aber net der wichtigste.« B2 hatte also »schlechte Erfahrungen mit … diesen sehr extremen feministischen Gruppen.«

Auf ihren Reisen in Lateinamerika hatte sie ebenfalls Kontakte zu feministischen Gruppen, und »war entzückt über die Ernsthaftigkeit und die Stärke und Militanz, die diese Frauen hatten. … Die ham sich in erster Linie für die schwächsten Frauen eingesetzt, und das warn die Arbeiterinnen usw. Und das ist mir bei unseren Gruppen ein bisschen abgegangen.«

*Interview mit B4:*

Mit ihrem stark politisch ausgerichteten Feminismus ist B4 in ihrer Haltung nicht allzu weit entfernt von B2. Bei meiner Frage nach ihrer Definition von Feminismus hat sie mich auf ein Statement verwiesen, das sie kurz vor unserem Gespräch geschrieben hatte. Daraus zitiere ich zunächst und schließe Äußerungen aus dem Interview an: »Mein Weg in die Frauenbewegung folgte der Erkenntnis, dass ich mich nicht individuell frei fühlen kann, bloß weil ich für mich die mich einengenden Umstände beendet habe. Ich hatte erkannt, dass Frauen die unterdrückte, diskriminierte Mehrheit darstellen und dass eine persönliche Befreiung nicht zählt. Es war daher nötig, für eine Änderung dieser Ungleichheit zu kämpfen. Mein Kampfplatz ist (Name der Organisation), meine Waffe ist (Name des Mediums). Diese Zeitschrift repräsentiert für mich die Möglichkeit, die feministischen Erkenntnisse zu verbreiten und sie an andere Verteilerinnen (…) weiterzugeben. An Verteilerinnen deshalb, weil der Feminismus keine Massenbewegung ist, dazu ist er zu unbequem. Die Verbreitung unserer Analysen und Erkenntnisse ist meine Möglichkeit, Feminismus und Frauenpolitik zu verknüpfen. (…) Für mich ist die feministische Erkenntnis gleichzeitig Verpflichtung, mich in der Frauenbewegung zu engagieren, mich einzusetzen für Gleichstellung der Frauen in allen Bereichen, Selbstbestimmung und Ende einer vom Mann abgeleiteten Existenz, Unabhängigkeit, Ende sexistischer und heterozentristischer Herrschaft. (…) Frauenkonsens in der Frauenbewegung ist: Gleichberechtigung im Bereich Bildung, ökonomische Unabhängigkeit, Ende der Einkommensschere.«

B4 meint, »wir leben alle immer in einem Ghetto.« Sich selbst sieht sie in einem »sehr guten Umfeld.« »Die Frauengruppen, die ich gut kenn, ich kenn natürlich wahnsinnig viele irgendwie, aber sehr gut kenn, die Gruppen, da ist das genau so, sonst würde es eigentlich nicht gut gehen.« Die Ausdifferenzierung des Feminismus bezieht sich lt. B4 nicht nur darauf, »dass es Weiß und Schwarz gibt.« Doch jedenfalls gibt es einen »Konsens, das heißt Zugang … zur Bildung, zu anständigen Berufen und gleicher Bezahlung«, außerdem eine eindeutige Ablehnung der damaligen österreichischen Regierungskonstellation (2002). »Aber darüber hinaus … gibts … unendlich viele … Geschichten, wie die Macht- und Herrschaftsfrage gestellt wurde … was wähl ich oder lass ichs überhaupt bleiben … also da gibts ein wahnsinnig breites Spektrum und es gibt … darüber hinaus … eben dann noch tausend verschiedene feministische Modelle.«

Keine Sympathie hegt B4 für eine seinerzeit angekündigte »Regierungsgeschichte«. Damals wollten Frauen »eine Gegenregierung stellen (…), die schlagen sich die Köpfe ein, wundert mi überhaupt net.« Sie möchte da »nicht mitmachen.« Dagegen hätte sie »so gern eine Frauenpartei … aber da gibts für mich schon ein paar Frauen, die i net drin haben will. Also, die für mich jetzt als Regierungssignal net des Richtige sind … die vertreten a politische Richtung, die i überhaupt net mag.«

*Interview mit B3:*

B3 versteht unter Feminismus, »dass die Frau in jeder Beziehung gleichwertig, ich betone wertig, mit dem Mann ist … das ist nach wie vor nicht der Fall.« Sie stellt fest, dass »diese Wertigkeit … sowohl gesellschaftlich als auch kirchlich, auch in den Familien« nicht gegeben ist. Die Interviewte erlebt, »dass also meine Töchter eigentlich immer auch noch darum kämpfen, um Partnerschaftlichkeit, und dass sie auch von den Männern … geachtet werden im Beruf … als gleichwertig.« Sie hält weitere Bemühungen für nötig, »dass … eine andere Wertigkeit der Frauen entsteht und sich durchsetzt gesellschaftlich …« Und weiter »… also nicht nur feministisch, sondern auch partnerschaftlich in der Ehe und in den Familien. Also das ist mir ganz wichtig, weil ich da selbst … sehr viel Leiderfahrungen … mitbekommen hab und ich denke, wir Frauen sind da schon immer noch … die Putzfrauen der Männer.«

Letzteres sieht sie »natürlich … von der Kirche auch gefördert, indem man also immer wieder sagt, die Frauen müssen zu Hause bleiben und müssen bei den Kindern bleiben und da hat sie doch so eine wichtige Funktion und so weiter. Also, ich denke, die Männer ham dieselbe Funktion und da … kann ich also überhaupt keinen Unterschied zwischen Männern und Frauen finden. Und natürlich im kirchlichen (katholischen, EH.) Bereich sind wir Frauen einfach nicht präsent.« Die Schlussfolgerung von B3: »Im Denken dieser priesterlichen Machos muss sich da noch einiges ändern.«

Angesprochen auf die Katholische Frauenbewegung findet B3, »die haben sich sehr gut entwickelt. … Also … ich finde den Mut, wie sie also reden, wie sie schreiben, wie sie agieren, sehr gut, sehr positiv. (…) Ich fürchte nur, dass sie von den kirchlichen Männern nicht sehr ernst genommen werden.«

B3 ist nach Jahren in einem westlichen Bundesland wieder nach Wien zurückgekehrt und erlebt hier Unterschiede hinsichtlich des Selbstbewusstseins von Frauen. Ihr Eindruck: »Im gesellschaftlichen Umfeld, in dem ich verkehr … da bin ich eher eine Außenseiterin. So in der guten Wiener Gesellschaft is ma nicht feministisch, im Gegenteil, da is ma die brave Hausfrau, die dem Mann gehorcht und so.«

*Interview mit B5:*

B5 hatte ich auf Grund ihres beruflichen bzw. politischen Umfeldes als Feministin eingeordnet. Erst während des Interviews stellte sich heraus, dass dies nicht der Fall ist. »Ich hab mit dem Feminismus ein bissl Probleme, muss ich ehrlich gestehen … erstens einmal find i Feminismus nicht mehr wirklich in, so wie ich ihn seh, er ist mir zu begrenzt … er grenzt mir zu sehr die männliche Gesellschaftsschichte aus, es ist mir zu humorlos, muss i a sagen. Es geht mir zu wenig ein auf Kinder, auch auf Frauen mit Kindern, wo man aber auch auf die Kinder Rücksicht nimmt. (…) So wie das gesehen wurde zum Teil, also mit Kindern, die so quasi ein Anhängsel sind und so, das hat mir einfach net gfallen. Dass ma sagt, dann kriegts halt keine Kinder und basta. Aber dass ma halt sagt, na ja, die muss ich halt durchs Leben schleppen … vielleicht hat mich das am meisten gestört (…) Ich hab solche Ansprüche erlebt. (…) Feminismus (ist) sicher wichtig gewesen in unserer Entwicklung einfach so … Feminismus in der Sprache, Feminismus einfach in der Stellung … in dem Vorwärtsdrängen, dass auch Frauen Positionen … einnehmen müssen und … ja mit einer Quotenregelung … Und wie gesagt, also, mit Feminismus selber tu ich mir schwer.«

Auf meine Frage, ob B5 Kontakte mit Feministinnen hat bzw. ob sie N.N., eine gemeinsame Bekannte, für eine Feministin hält: »Ja wenn, dann kenn ich also Feministinnen, die für mich strengere Feministinnen sind, weil die N.N. … die ist sehr nett, die ist eine emanzipierte Frau, als Feministin würd ich sie nicht sehen. (…) Jetzt Feministinnen direkt hab ich in meinem Bekanntenkreis oder Freundinnenkreis eigentlich nicht.« Und in der von ihr geleiteten SeniorInnenorganisation: »Feministinnen ham ma da eigentlich auch keine.«

*Interview mit B6:*
Den Kontakt zu B6 hat eine gemeinsame Bekannte hergestellt. Zu ihrer Überraschung hat diese dabei erfahren, dass B6 keinesfalls eine Feministin ist, »weil die immer jammern«. Das hat die Interviewte auch im Vorgespräch mit mir betont. »Ich bin keine Feministin. Ich halte dieses Menschen-nur-unter-einem-Aspekt-zusammenfassen für problematisch. (…) Ich wehr mich, jemanden nur toll oder nicht toll zu finden, nur weil er ein anderes Geschlecht hat. (…) Weil das eine schiefe Wertigkeit und gleichzeitig Aus-

grenzung ist.« B6 hat sich zwar als »Nicht-Feministin« (gesehen), aber sehr wohl immer als selbständige Frau. Sie betont, dass sie ihr Frau-Sein nicht als »Defizit« versteht. »Also ich hab mich nie erlebt, ich bin ja ›nur‹ eine Frau. Sondern ich bin einfach gerne eine Frau. (…) Und ich liebe daher … auch den anderen und muss dem nicht neidig sein (…) Ich will jetzt um Gottes willen nicht klein machen, was (…) diese ganze Frauenrechtsbewegung bewirkt hat … trotzdem ist mir dieses Jammern: aber da machen die Männer zu wenig, oder da tun sie zu wenig … das mag ich nicht. Weil das eigentlich mein Selbstbewusstsein belastet. Ich machs gern. Ich bin so. Ich hab einfach diese Ressource, und du hast die.« Entscheidend für B6 ist die Gleichwertigkeit.

## Geschlechtergerechte Sprache:

Im Zusammenhang mit dem Thema des »feministischen Bewusstseins« habe ich meine Aufmerksamkeit auch auf die Sprachgewohnheiten der Interviewten gerichtet. Da frauenspezifische Themen im Vordergrund stehen, ergibt sich von vornherein schon die vielfache Verwendung weiblich konnotierter Wörter und Begriffe, grammatikalisch männliche Formen kommen somit seltener vor.

Bei B2 zeigt sich ein starkes Bewusstsein für Geschlechtergerechtigkeit auch in der Sprache, sie ignoriert dabei fallweise durchaus die Regeln der Grammatik.
B4 hat ebenfalls Frauen niemals »mitgemeint«, sondern immer deutlich als solche benannt.
Dies gilt größtenteils auch für B5, wozu vermutlich ihr politischer Hintergrund beiträgt (Forderung nach »political correctness«).
B3 hat gelegentlich von »Freunden« gesprochen, auch wenn Freundinnen eindeutig inbegriffen waren.
Bei B6 fällt auf, dass sie z.B. von sich selbst spricht als »Ich bin jemand, der …« und auch sich selbst als »Lehrer« bezeichnet.

## Resümee Feminismus

Mit Ausnahme von B5 war mir die Einstellung der Interviewten zum Thema »Feminismus« vor dem Interview bekannt. Bei B2 und B3 konnte ich aus deren mir bekannten Arbeitsbereichen mit Sicherheit auf Identifikation mit dem Feminismus schließen. Ausdrücklich vorher gefragt habe ich B4. Bei B5 habe ich das versäumt und dann erst im Verlauf des Interviews ihre ablehnende Haltung erfahren. Aus der (Selbst-)Positionierung der Interviewten in Bezug auf Feminismus wird der jeweilige persönliche, berufliche, politische Hintergrund sehr deutlich.

Auch jene Frauen, die sich nicht als Feministinnen bezeichnen, würdigen die Leistungen der Frauenbewegung. B5 und B6 haben jedoch nicht ausdrücklich gesagt, dass auch sie von deren Errungenschaften profitieren. Beide betonen die Möglichkeit bzw. Tatsache von weiblicher Emanzipation und Selbständigkeit ohne feministisches Selbstverständnis. Bei den Einwänden gegen den Feminismus nennen beide die Ausgrenzung von Männern. Die weiteren Gründe für die Ablehnung sind sehr unterschiedlich, haben aber sicher ihre (partielle) Berechtigung. Sowohl eine einseitige Ausrichtung auf Frauen ohne Kinder als auch das Betonen der Opferrolle, die Haltung von Vorwürfen und Abwertung gegenüber Männern konnten bzw. können bei Feministinnen wahrgenommen werden. Allerdings weisen die Vorbehalte darauf hin, dass B5 und B6 wenig oder keinen Kontakt mit breiteren feministischen Gruppierungen oder entsprechenden Einzelpersonen haben. Aus ihren möglicherweise sehr einseitigen Erfahrungen schließen sie auf die Einstellung der gesamten Frauenbewegung. Von ihren jeweiligen Vorbehalten gegenüber bestimmten Gruppierungen innerhalb des Feminismus wird die feministische Einstellung von B2 und B4 in keiner Weise beeinträchtigt. Für beide ist ihre gesellschaftspolitische Überzeugung und Tätigkeit ein wesentlicher Teil ihres Lebens. Bei ihrem sehr unterschiedlich konkretisierten Engagement geht es ihnen um die Verbesserung der Lebenssituation von Frauen weit über den individuellen Bereich hinaus. Sie sind sich der bisherigen feministischen Tradition ebenso bewusst wie der aktuellen Schwierigkeiten. Beide lassen jedoch keine Resignation erkennen, sie sind ganz offensichtlich gut in Zusammenarbeit und persönliche Beziehungen eingebunden. In unterschiedlicher Weise sprechen B2 und B4 auch die Vielfalt und die Internationalität der Frauenbewegung an. Für beide steht – bei ausgeprägtem Realitätsbewusstsein – nicht in Frage, dass die Arbeit und die Entwicklung dieser sozialen Bewegung weitergehen und weiterwirken (werden).

B3 hat den politischen Anspruch des Feminismus nur wenig betont. Von ihr werden vor allem Forderungen im Kontext des Privaten, der Berufswelt sowie im Bereich der christlichen Kirche(n) ausgedrückt. Wenn sie den Begriff »Gleichwertigkeit« verwendet, so zielt dessen Bedeutung in Richtung Aufhebung der Geschlechterrollen. Das unterscheidet sich von der Verwendung desselben Ausdrucks durch B6: Diese Interviewte stellt die traditionellen Rollen nicht in Frage. Die Dichotomie von männlich/weiblich bleibt unhinterfragt, die Betonung liegt auf jeweils besonderen Möglichkeiten und Fähigkeiten, die dann eben als »gleichwertig« zu sehen sind.

Trotz der an sich geringen Zahl von Interviewten zeigt sich ein breites Spektrum an Möglichkeiten, sich zu Anspruch und Realität von Feminismus zu verhalten. Besonders interessant scheint mir die Tatsache, dass auch jenen Frauen, die sich vom Feminismus distanzieren, die geschichtlichen Leistungen der Frauenbewegung bewusst sind. Die gegenwärtige Lage der feministischen Bewegung zwischen Individualisierung und Internationalität, zwischen bisherigen Erfolgen, einer gewissen Stagnation (im europäisch-westlichen Kontext) und realistisch fundierter Weiterarbeit kommt gut zum Ausdruck.

## Generationen

Hier fasse ich Aussagen zusammen, die Beziehungen innerhalb der eigenen Generation sowie zu Älteren und Jüngeren betreffen. Dabei kommen auch Hinweise auf das soziale Umfeld zur Sprache.

»Offenheit und Zuneigung« erfährt B4 von ihren jüngeren Kolleginnen am Arbeitsplatz. »Das ist einer der zahllosen Gründe, warum ich mich in der Frauenbewegung wirklich wohl fühl.« Diese jungen Frauen erlebt sie als »reifer« gegenüber anderen (offenbar nicht feministischen) Gleichaltrigen. Aber auch in diesem Umfeld gibt es die Klage: »Wo ist bei uns die Jugend?« B4 sieht sich als eine Art Galionsfigur mit einem »guten Draht« zu allen Altersgruppen.

Zwei Frauen haben spontan und sehr positiv von ihren Müttern gesprochen, die jeweils ganz unterschiedliche Bedeutung für sie haben bzw. hatten. Eine Frau hat ihre Großmutter als Inbegriff des hohen Alters erwähnt. Von Begegnungen mit bewundernswerten, zum Teil prominenten alten Frauen erzählt eine andere Befragte. Sie meint, dass diejenigen, die »nicht so toll sind«, dadurch »einen schweren Stand« haben und nimmt sich selbst von der Ungeduld ihnen gegenüber nicht aus. An gleichaltrigen Geschlechtsgenossinnen üben zwei der Befragten zum Teil scharfe Kritik. Sie bevorzugen den Umgang bzw. die einfachere Zusammenarbeit mit Männern, obwohl in einem Fall deren Dominanzverhalten registriert wird. Bei diesen Kontakten geht es jedoch kaum um das Thema »Alter«.

Kritisch gegenüber der jüngeren Generation äußert sich B2: »Also, was mich da manchmal fast scho verzweifelt macht, ist, dass manche der jüngeren Feministinnen meinen, also sie hättens erfunden … und dann also so daherkommen, so: Stell da vor, i bin auf was draufkommen, Frauen verdienen weniger als Männer.« Dann denkt sich B2: »Jetzt hamma uns also ich weiß nicht wie vü zig Jahre abgestrudelt und abgedingst, und ich bin ja auch nicht als Feministin zur Welt gekommen, ich hab mirs ja auch erst erarbeitet. (…) Es ist ja nicht so, als hätts mir wer am Silbertablett serviert. (…) All das, was erreicht werden konnte, viel wars nicht, weil wir ungeduldig sind. Wennst zurückschaust, so fünfzig Jahr, sagst es war vül, aber wennst des durchstehn mußt, is des ja sehr wenig. (…) Also, mich regts dann scho auf, wenn junge Frauen sagen, also die Pille, na das is wahnsinnig ungsund, das brauch ma net, wir … tuan uns Joghurt appliziern oder so … Dann tuat des scho also ein bissl weh, nicht?«

Mangel an Geschichtskenntnis ortet B2 als Ursache einer solchen Haltung. Gleichzeitig relativiert sie ihre Vorwürfe im Hinblick auf ihre eigene Jugend, »wos geheißen hat, ihr habts ja keine Ahnung, wir ham ja kane Schuach ghabt, damit ma in die Schul gehen können.« »So kommt mir das manchmal … vor, wenn ich also jungen Frauen sag, ihr habts ja keine Ahnung, wie das war, wies also noch die Engelmacherin gegeben hat und keine andere Möglichkeit da war. (…) Also, wenn die jungen Frauen, ob Feministinnen oder nicht, ein bisschen nachlesen würden, wärn sie nicht so keck … mit dem, wie sie da auf unseren Schultern heftig herumtrampeln.« Mit diesen Äußerungen verbindet B2 Kritik an der ungenügenden politischen Bildung in den Schulen.

B3 spricht von Kontakten im christlichen Bereich, d.h. »eher im beruflichen, mit Theologinnen und Theologen, Kollegen und Kolleginnen, wo natürlich dann der kirchliche Aspekt in den Vordergrund tritt, also: die Frau in der Kirche.« Das bezieht sich auf das westliche Bundesland, »wo ich früher gelebt hab, Pastoralassistentinnen … Frauen in kirchlichen Gremien, die sehr wohl Feministinnen sind, auch feministische Theologinnen.« Namentlich erwähnt sie dazu zwei Österreicherinnen, eine davon der jüngeren Generation angehörend. »Aber … also jetzt Feministinnen gesellschaftspolitisch kenn ich eigentlich niemanden.«

Bezüglich der jungen (feministischen EH.) Frauen in ihrem Arbeitsbereich meint B5, »ihr Verhältnis zu mir ist so schlecht nicht.« In Zusammenhang mit der (von ihr so erlebten) Nicht-Akzeptanz von Kindern im feministischen Bereich überlegt B5: »Ich weiß nicht, ob ich so ein Muttertier bin, ich musst immer arbeiten auch, die ganze Zeit also, weil ich ja auch Alleinerzieherin war.« Über ihr unmittelbares (politisches) Berufsumfeld sagt B5: »Frauen … in meinem Alter – wir ham ja keine … Allerdings in der Seniorinnen-Initiative hab ich natürlich gleichaltrige Frauen (…) Männer auch, wenn auch mehr Frauen.« In der Zusammenarbeit findet sie Frauen »problematischer« als Männer, auch wenn sie diese durchaus kritisch als »Platzhirschen« bezeichnet.

Bei gleichaltrigen Frauen versucht B6, »so Grupperln zu machen, was natürlich eine Vereinfachung ist. Es gibt die Gleichaltrigen, die … sich darstellen in: viele Leiden haben, sehr viel jammern und dadurch wichtig sein. Für die wirk' ich bedrohlich. (…) Da heißts: Dir fehlt ja nie etwas. Oder: Du sagst ja immer, es geht dir gut. Also, entweder lügst du, oder bist du so sehr begnadet, dass du nicht zu uns gehörst. (…) Die zweite Gleichaltrigen-Gruppe Frauen ist … die Intellektuellen, wos um Sachthemen geht, das ist herrlich.« Mit Männern arbeitet sie »wahnsinnig gerne zusammen … gleichaltrige Männer, da ist es einfach wesentlich leichter, über Sachthemen zu reden.«

B6 hat »ihre Hauptkontakte mit zwanzig Jahre Jüngeren, dreißig Jahre Jüngeren.« Mit ihnen fühlt sie sich sehr wohl und bekommt von dort auch ihre »emotionalen Streicheleinheiten, wesentlich stärker als von Gleichaltrigen.« Das hat nichts zu tun mit »ewig jung sein, mit Schönscin … mit Fit-Vorstellungen.« Sie sieht es als »Selbstverständlichkeiten«, wenn sie etwa auf sehr unkonventionelle Weise Jugendliche in ihrer Wohnung übernachten lässt, »die um eins in der Nacht … in meiner Küche Spaghetti kochen.« Sie hat »aufgehört, das Gleichaltrigen zu erzählen. Weil entweder: Du bist verrückt! oder: Das lasst du dir gefallen? Und beides stimmt nicht.«

Als »Nachtvogel« geht B6 »wahnsinnig gern mit Jüngeren a noch um zwei ins Theatercafe« und erlebt »eigentlich sehr viel positive Resonanz.« Und von jungen Männern wird sie oft eingeladen, etwa bei Veranstaltungen aktiv zu sein oder »eine Supervision zu übernehmen.« Diese Kontakte sieht die Interviewte als »unglaubliche Chance«. Auch mit ehemaligen Schülerinnen ist sie in Verbindung, wenn diese etwa »ein Coaching brauchen für das Fertigwerden ihrer Dissertation.« Auch das erzählt B6 Gleichaltrigen lieber nicht. Denn dann heißt es: »Bah, sag wann hörst du auf?«, obwohl zuvor gefragt wurde: »Na, hast du noch viele (ehemalige Schülerinnen, EH.), die dich noch besuchen?«

»Kaum Unfreundlichkeit« erlebt sie von jungen Menschen, hört jedoch häufig »Gleichaltrige darüber klagen.« Und wenn sie sich auf Grund ihrer Beamtenpension und der verschiedenen »Senioren«-Ermäßigungen privilegiert sieht, ist die Reaktion von Gleichaltrigen: »Pah, du bist reich. Also her damit!« oder: »Du machst uns madig.«

All diese Äußerungen sind ziemlich spontan, auf eher allgemeine Fragen von mir gekommen. Trotz einiger Reserven und Kritik am eher ahnungslosen Nachwuchs im feministischen Bereich überwiegt Aufgeschlossenheit gegenüber der jüngeren Generation bis hin zu herzlicher Verbundenheit. Angst, von Jüngeren übervorteilt, abwertend behandelt oder materiell benachteiligt zu werden, haben die Interviewten nicht geäußert. Bei besonders positiven Erfahrungen spielt wohl die jeweils finanziell und/oder sozial gute Situation der Gesprächspartnerinnen eine Rolle. Neidreaktionen werden nur von einer Befragten erwähnt, jedoch solche von Frauen der eigenen Generation.

Über Beziehungen zu gleichaltrigen Geschlechtsgenossinnen haben zwei Gesprächspartnerinnen mit Skepsis gesprochen. Es sind jene beiden Frauen, die sich ausdrücklich als »Nicht-Feministinnen« bezeichnen. Sie bevorzugen die Zusammenarbeit bzw. das Zusammensein mit Männern. Wünsche nach Sachlichkeit oder Direktheit können diese Haltung zumindest zum Teil erklären.

Bei den feministisch eingestellten Interviewpartnerinnen hat offenbar die jeweilige (Arbeits-)Situation bzw. haben die damit gegebenen Kontaktmöglichkeiten Einfluss auf das Verhältnis zu gleichaltrigen Frauen. Ablehnung oder Skepsis wird nicht geäußert, Herzlichkeit bzw. implizite Verbundenheit kommen zum Ausdruck.

Die Beziehungen innerhalb der eigenen älteren Generation erscheinen weniger einheitlich als die zu jüngeren Menschen. In feministische Gruppierungen eingebundene Frauen haben möglicherweise gegenüber Gleichaltrigen ein stärkeres »Wir«-Gefühl als Frauen, die in eher in traditionellen Geschlechterpolaritäten denken. Allerdings besteht die Möglichkeit, dass sich diese positive Einstellung auf Frauen mit gleicher politischer bzw. weltanschaulicher Ausrichtung beschränkt. Diese Frage ist in den Interviews nicht angesprochen worden.

## Alte Frauen im Feminismus

Um auf das Hauptthema meiner Untersuchung zurückzukommen, habe ich nochmals gesellschaftspolitische Themen angesprochen. Dabei habe ich auch direkt nach Erfahrungen mit dem Wahrnehmen der gesamten Problematik im Umfeld der Frauenbewegung gefragt.

B2 ist nichts darüber bekannt, dass innerhalb der europäischen feministischen Bewegung das Thema Alter aufgegriffen wird bzw. dass auch alte Frauen als Gruppe im Rahmen des Feminismus vertreten werden. Sie berichtet jedoch von »Bestrebungen vor allem in Lateinamerika, wo sich die Feministinnen sehr klar dafür aussprechen … net dass die alten Frauen ein Problem san, sondern wie man mit ihnen umgeht, dass das ein Problem ist.«

B4 hat erlebt, dass sich die Frauenbewegung »immer mit dem Alter beschäftigt (hat), … schon durch dieses immer wieder alte Frauen interviewen, da also zuerst vor allem die Widerstandskämpferinnen … Diese sehr bewussten und wachen und politisch aktiven Frauen wurden natürlich bewundert. (…) Wir haben schon ganz lang immer wieder das Alter thematisiert … ham auch immer ältere Frauen zu Wort kommen lassen.« Sie selbst hat im Rahmen ihrer redaktionellen Arbeit bereits vor rund zwanzig Jahren »eine Altersnummer« gemacht, gemeinsam mit einer damals Zwanzigjährigen. Weitere Hefte zu diesem Thema sind gefolgt, das letzte 1999.

B5 sagt auf meine Frage: »Also ich muss ehrlich sagen, Feministinnen hab ich bisher keine erlebt, die sich mit älteren Frauen beschäftigt haben.«

B3 erinnert sich nicht, dass bei ihren Kontakten mit Feministinnen bzw. feministischen Theologinnen das Thema Alter je zur Sprache gekommen wäre. »Aber damals (vor ihrer Rückkehr nach

Wien, EH.) war ich natürlich auch noch jünger.« Seit sie wieder in Wien lebt, hat sie keine vergleichbaren Kontakte.

Wahrgenommen hat B3, dass vor nicht langer Zeit in einer österreichischen feministisch-theologischen Zeitschrift eine ganze Nummer dem Thema »Alter« gewidmet war. »Das war sehr gut und das hab ich mir auch aufgehoben, das war also wirklich ausgezeichnet. Aber sonst kenn eigentlich ich nichts ... Hab mich aber auch noch nicht wirklich interessiert.«

Weder B2 noch B4 kennen feministische Literatur zum Thema Alter aus den letzten Jahren. B4: »In den letzten zehn bis zwanzig Jahren weniger ... das hängt mit mir selber zamm.« Nachdem sie sehr viel lesen muss, beschränkt sie sich auf ihre »Handvoll Themen«.

B2 hat sich »sehr wenig dafür interessiert.« Sie ist nie in eine Buchhandlung gegangen und hat gefragt, was es zu diesem Thema gibt. Aber es ist für sie »derweil no net wirklich so wahnsinnig spannend.«

Auch B5 informiert sich nicht gezielt zum Thema Alter. Sie liest »natürlich alles, was mit dem Seniorenverband ... zu tun hat. (...) Berufsbedingt sammel ich die Artikel natürlich, alles, was jetzt sehr viel in der Zeitung (steht). (...) Das kommt jetzt schon, in den Medien.«

B2 hat in ihrem politischen Umfeld »mit mäßigem bis keinem Erfolg« immer wieder darauf hingewiesen, dass die Anliegen alter Frauen durch die Pensionistenverbände die »ja eigentlich männerdominiert sind«, nicht wirklich vertreten werden. B5 beklagt, dass die politische Gruppierung, der sie angehört, »bis jetzt strikt verweigert, eine Seniorenpolitik zu machen.«

Für B6 haben Seniorenvereine oder dergleichen nicht nur keine Bedeutung, sondern »das ist also auch etwas, was mir emotional Unbehagen auslöst.« Die Gründung einer eigenen Partei alter Menschen hielte sie »für ganz schlimm«. Sie ist, so wie im Verhältnis der Geschlechter, auch bezüglich der Generationen für »Durchmischung«.

## Zusammenfassung

Die Äußerungen der Befragten können nur als Mosaiksteine im Zusammenhang mit Altersproblematik und Alterspolitik allgemein bzw. mit Fokus auf Frauen gesehen werden. Ich halte sie allerdings dennoch für relevant. Wie Spots in einer großteils dunklen Umgebung beleuchten sie gesellschaftliche Defizite, vor allem den fehlenden politischen Gestaltungswillen im Hinblick auf eine älter werdende Gesellschaft mit einem hohen Anteil an alten Frauen.

Mehr als das eine oder andere Blitzlicht scheint auch im feministischen Kontext nicht auf. Ein eindeutiges Bewusstsein davon, dass die Interessen alter Frauen insbesondere von feministischen Gruppierungen auf politischer Ebene vertreten werden sollten, wird nicht ausgedrückt. Nachdem es jedoch weder den Feminismus – als einheitliche, große Bewegung – gibt noch Frauen- oder Altersparteien, ist die Nicht-Existenz von wirkungsvollen Interessenvertretungen auch nicht weiter verwunderlich. Bei den vorhandenen Senioren- oder Pensionistenverbänden werden die negativen Auswirkungen männlicher Dominanz trotz einer Mehrheit weiblicher Mitglieder festgestellt. Aus unterschiedlichen politischen Kontexten wird von gescheiterten Versuchen berichtet, Seniorenpolitik zu installieren. Dass diese dann auch den Interessen von Frauen gerecht geworden wäre, ist damit noch nicht gesagt.

Die Fragen nach relevanter feministischer Literatur zu Altersfragen haben nicht mehr als den Hinweis auf einige Zeitschriftennummern zu diesem Thema erbracht. Ob dafür das mangelnde Interesse der Befragten, ein schwieriger Zugang oder generell das Fehlen entsprechender Publikationen verantwortlich ist, kann aus den Interviews allein nicht abgeleitet werden.

## Schlussdiskussion Interviews

In der abschließenden Auseinandersetzung richte ich meinen Blick auf die Interviews insgesamt. Ich arbeite dabei vor allem solche Schwerpunkte heraus, die mir im Gesamtzusammenhang meiner Arbeit wichtig sind. Bei den Äußerungen der Befragten achte ich zunächst auf Übereinstimmungen oder Divergenzen. Unterschiedliche Meinungen oder Erfahrungen hinterfrage ich im Hinblick auf persönliche und/oder gesellschaftliche Bedeutung. Weiters interessiert mich, welche Themen eventuell gemieden bzw. welche auch spontan eingebracht wurden. Den gesellschaftlichen Bezug individueller Meinungen und Befindlichkeiten zeige ich fallweise auf und stelle Verbindungen zum aktuellen alterssoziologischen Diskurs her.

Zu Beginn der 1970er Jahre wurde auch in Österreich die so genannte »1968er-Bewegung« wirksam; im westeuropäischen Kontext begann sich die Zweite Frauenbewegung zu formieren. Damals waren meine Interviewpartnerinnen zwischen 24 und 41 Jahren alt. Schon diese Differenz hat vermutlich zu jeweils sehr unterschiedlicher Wahrnehmung (nicht nur) der neuen sozialen Bewegungen geführt[9]. Ebenso wichtig waren sicherlich die politisch-weltanschaulichen Wurzeln der Befragten. Soweit diese aus den Interviews deutlich werden, umfassen sie zumindest die Spannung zwischen christlich geprägtem, materiell abgesichertem Bildungsbürgertum und einem sozialdemokratischen Umfeld mit eher bescheidenem Lebensstandard. Die unterschiedliche (Selbst-)Positionierung der Befragten im Hinblick auf den Feminismus lässt sich von diesen beiden Punkten aus beleuchten und teilweise auch erklären. Die unverzichtbaren Leistungen der Frauenbewegung sind auch den deklarierten Nicht-Feministinnen bewusst. Sie geben Gründe für ihre ablehnende Haltung an und differenzieren zwischen Feminismus und individueller weiblicher Emanzipation. Unterschiedliche Standpunkte gegenüber dem Feminismus sind

9  Ein Altersunterschied von siebzehn Jahren bedeutet u.U. ein Mutter-Tochter-Verhältnis.

meiner Erfahrung nach generell in allen Altersschichten zu finden. Sehr junge Frauen wissen jedoch häufig nichts mehr davon, welche Kämpfe für heute selbstverständliche Frauenrechte geführt wurden. Die feministisch orientierten Interviewpartnerinnen kritisieren Stillstand bzw. Rückschritte in der österreichischen Frauenpolitik, lassen sich jedoch dadurch nicht in ihrem Engagement beeinträchtigen.

Die gegensätzlichen Meinungen zur traditionellen geschlechtsspezifischen Arbeitsteilung und zu Rollenstereotypen – zwischen Ablehnung und zum Teil bewusster Bestätigung derselben – sehe ich in ähnlichem Zusammenhang wie die Einstellung zum Feminismus. Allerdings hat keine der Befragten – bei einer durchgehend positiven Haltung zu Kindern und Enkeln – ihre Identität als Frau über ihr Mutter- und/oder Großmutter-Sein definiert. Das gilt auch für die eher »bürgerlich« geprägten von ihnen. Die einzige Frau ohne Kinder hat das Thema nicht angeschnitten. Zumindest die älteren Befragten sind damit kaum repräsentativ für das Gros ihrer Altersgenossinnen, die Familie und Kinder sehr häufig noch als wesentlich für eine Existenz als Frau betrachten.
In anderen Bereichen ist bei den Meinungen und Einstellungen der Interviewten eine größere Einheitlichkeit festzustellen. Das bezieht sich zunächst auf das deutliche Wahrnehmen der aktuellen gesellschaftlichen bzw. demographischen Veränderungen. Das Fehlen und die Dringlichkeit von wirksamen politischen Maßnahmen angesichts des »Strukturwandels des Alters« (Backes 1998, 300) werden thematisiert, die Brisanz der Problematik wird betont. Das Fehlen einer glaubwürdigen Alterspolitik und der Mangel an einer Alterskultur werden konstatiert und kritisiert. Die Ursachen dafür werden u.a. in einer durch Leistungsdenken, Jugendlichkeitsideale und kommerzielle Interessen geprägten Gesellschaft gesehen. Die doppelte Diskriminierung und gesellschaftliche Abwertung von alte(rnde)n Frauen kommt zur Sprache. In Zusammenhang damit wurden die größtenteils negativen und/oder unglaubwürdigen Darstellungen alter Frauen in den Medien kritisiert. Die Interviewten haben sich an sehr unter-

schiedliche und z.T. konträre Sujets aus der Werbung erinnert. Die von ihnen erwähnten und kritisierten Klischees reichen von Todesnähe und Hilfsbedürftigkeit bis zur unglaubwürdig flotten »Seniorin«. Nur ein Plakat war positiv in Erinnerung. Die Wahrnehmungen der einzelnen Befragten sind oft an einer einzigen Darstellung festgemacht, ergeben in ihrer Vielfalt jedoch gute Hinweise auf die immer wieder verwendeten »Bilder« von alten Frauen. Ein solches Klischeebild, das der Großmutter, ist sowohl in Zusammenhang mit medialen Darstellungen als auch mit Erinnerungen an die eigene Großmutter als Prototyp von »Alt-Sein« erwähnt worden. Spontan und durchaus positiv wurde auch von den eigenen Müttern gesprochen. Die Beziehungen zu Angehörigen der jüngeren Generation wurden unter ganz verschiedenen Aspekten erwähnt. Das reicht von Kritik an der Ahnungslosigkeit der Jüngeren, Irritation durch die Lebensführung der Nachkommen bis zu freundlichem Umgang miteinander sowie herzlicher Verbundenheit mit jungen Kolleginnen. Hinweise auf einen »Kampf der Generationen«, wie er fallweise in Mediendarstellungen behauptet wird, gab es nicht.

Ein großer Unterschied zeigt sich zwischen den kritischen bis negativen Stellungnahmen in Bezug auf die allgemein gesellschaftliche Situation alter Frauen einerseits und der Darstellung der jeweils eigenen Lebensumstände andererseits. Die von mir befragten Frauen sind in einem relativ großen Ausmaß mit sich und ihrem Leben zufrieden. Die Berufs- bzw. Erwerbstätigkeit hatte und hat offensichtlich einen hohen Stellenwert für sie, auch unter den früheren Belastungen als Alleinerzieherinnen. Die vier von fünf Pensionistinnen sind zumindest nicht nur aus materieller Notwendigkeit nach wie vor in unterschiedlichen Bereichen aktiv. Betont wird die große Bedeutung von sozialen Kontakten, auch die Notwendigkeit, sich darum zu bemühen. Alle Befragten sprechen in dieser Hinsicht Frauen eine besonders hohe Kompetenz zu. Solche »außerhäusigen Kontakte« von Frauen gelten als wesentlich für die Bewältigung von schwierigen Lebenseinschnitten im Alter (Backes 1993, 172).

Die Befragten sind mit ihrem altersgemäßen, sehr gepflegten Aussehen zufrieden und lehnen den medialen und kommerziellen Druck zu schönheitschirurgischen Eingriffen und anderen kosmetischen Maßnahmen ab. Die bereits vorhandenen relativ kleinen körperlichen oder mentalen Einschränkungen werden mit Gelassenheit akzeptiert. Allerdings ist noch keine der Befragten in einem wirklich hohen Alter, wenn auch die Zugehörigkeit zu unterschiedlichen Altersgruppen zwischen 73 und 56 hier bedeutsam wird. Die jeweils mehr oder weniger starke Bereitschaft, sich mit dem eigenen Alter(n) zu beschäftigen, ist ebenfalls dadurch (mit-) geprägt.

Eine gesellschaftlich relevante Spannung zeigt sich bei der Pensionsthematik. Da ist einerseits die Bezieherin einer verhältnismäßig hohen Beamtenpension, die sich ihres Privilegs bewusst ist.[10] Die einzige noch voll erwerbstätige Frau hat aus familiären Gründen ihre Berufslaufbahn unterbrochen und daher noch keinen eigenen Pensionsanspruch. Sie kann auf Grund einer zu geringen Anzahl von Beitragsjahren keinesfalls eine die Existenz sichernde Pension erwarten.

Sehr deutlich wurde ausgedrückt, dass weibliche Altersarmut sich nicht nur im materiellen Bereich auswirkt, auch nicht nur die körperliche und/oder psychische Gesundheit beeinträchtigt, sondern darüber hinaus die Betroffenen weitgehend an gleichberechtigter Teilnahme am sozialen und kulturellen Leben hindert. Ein meiner Meinung nach wesentliches Problem wurde im Zusammenhang mit der finanziellen Lage von Frauen im Alter sowie Fragen einer eigenen materiellen Vorsorge nicht angesprochen. Keine der Frauen hat darauf hingewiesen, dass mit zunehmendem Alter die Ausgaben für Bedürfnisse im medizinischen Bereich ebenso steigen wie die alltäglichen Lebenshaltungskosten, da für immer mehr Leistungen bezahlt werden muss, die früher selbst erbracht worden sind oder erst auf Grund des Alter(n)s nötig werden.

10 Für Bundesangestellte ist in gleicher Gehaltsstufe die Bezahlung für Frauen und Männer gleich.

Eher vorsichtig ist der Umgang mit Themen wie der Möglichkeit zukünftiger eigener Pflegebedürftigkeit bzw. der Tatsache des Todes. Das spiegelt die starke Tabuisierung von Schwäche, Krankheit und Tod in der Gegenwartsgesellschaft. Dahinter steht aber auch das Wissen darum, wie sehr es derzeit an qualitativ befriedigenden, für Durchschnittsverdienerinnen bezahlbaren Pflegeeinrichtungen mangelt ebenso wie an einem guten Umgang mit hilflosen Alten und Sterbenden. Die Befragten haben diese Themen von sich aus angesprochen, dabei waren Resignation und Ratlosigkeit zu erkennen. Spürbar war, dass der »Verlust der eigenständigen alltäglichen Lebensführung« von vielen Frauen am meisten gefürchtet wird (Backes 1993, 173).

Keine der Frauen lebt derzeit – soweit das gesagt wurde oder sich das aus den Daten schließen lässt – mit einem Partner oder einer Partnerin zusammen. Zwei Geschiedenen stehen zwei lebenslang Unverheiratete gegenüber. Diese Frauen entsprechen auf den ersten Blick dem in der alterssoziologischen Literatur häufig festgestellten Trend zur »Singularisierung« im Alter (Backes 1998, 301). Mit Ausnahme der einen von ihrem Ehemann verlassenen und bisher nicht geschiedenen Frau scheint das Alleinleben allerdings nicht unmittelbar mit dem Alter(n) zusammenzuhängen, sondern mit Weichenstellungen schon in früheren Jahren. In dieser Hinsicht sind zumindest die älteren Befragten kaum repräsentativ für ihre Altersgruppen. Sie spiegeln eher einen generellen gesellschaftlichen Trend, der nicht auf alte Menschen beschränkt ist. Ein häufiges Frauenschicksal ist allerdings auch hier präsent, nämlich vom Ehemann zu Gunsten einer jüngeren Frau verlassen zu werden und dann kaum mehr eine Chance auf eine neue Partnerschaft zu haben.

Die Interviewten entsprechen unter vielen Aspekten dem Bild der »neuen Alten«, das durch »produktives Altern« oder »Kompetenz im Alter« charakterisiert wird (Backes 1998, 303). Vor allem aber wird deutlich, wie sehr die Befindlichkeit und die Lebensumstände in der »dritten Lebensphase« durch »lebenslange Prozesse und Entscheidungen geprägt« sind. (ebd. 300). Dabei scheint mir in den vorliegenden Fällen nicht so sehr eine eventuell von der Herkunftsfamilie gegebene gute materielle Ausgangsbasis die Grundlage zu sein, sondern das Ergreifen von Bildungschancen und hohes persönliches Engagement. Das allerdings kann sehr wohl vom familiären Umfeld vorgelebt und gestärkt sein. Es ist klar zu erkennen, dass meine Interviewpartnerinnen einem in vieler Hinsicht privilegierten Gesellschaftsbereich angehören und sich dessen auch bewusst sind.

Viele der in Abschnitt 2 behandelten gesellschaftlichen Probleme in Bezug auf Frau und Alter sind in den Interviews zur Sprache gekommen, auch über die von mir angeregten Äußerungen hinaus.

Für meine Forschungsfrage, die sich auf den Themenbereich Feminismus und Alter richtet, waren die Interviews allerdings nur unter einem negativen Aspekt ergiebig: Mit Ausnahme der Erwähnung einer feministischen Initiative für alte Frauen in Lateinamerika hat keine der Befragten feministisches Engagement zugunsten alter Frauen bzw. gegen deren Diskriminierung erlebt. Die Frage nach relevanter Literatur brachte lediglich Hinweise auf Zeitschriften. Diese Äußerungen kamen von feministisch engagierten bzw. interessierten Frauen. Die Frage, ob es im Rahmen des Feminismus Engagement für alt(ernd)e Frauen gibt und Solidarität mit ihnen, bleibt also weiterhin offen.

# 6. Feministisch alt werden?

**Teil 2**

Persönliche Erfahrungen, Meinungen und Wünsche von Frauen zu Fragen des Alter(n)s im gesellschaftlichen Umfeld und in persönlicher Hinsicht – dies kam im vorigen Abschnitt zur Sprache. Die nun folgenden Untersuchungen im Bereich von (Print-)Medien bilden ein Gegenstück dazu. Mit diesem Schritt werden nämlich meine Fragestellungen in einen größeren Bereich von Öffentlichkeit und Meinungsbildung getragen. Ich beschäftige mich mit solchen Zeitschriften, die dem gesellschaftspolitischen Spektrum der Frauenbewegung, des Feminismus zugeordnet werden können. Dieser Teil meiner Untersuchungen hat eine besonders intensive Auseinandersetzung mit meiner zentralen Forschungsfrage ermöglicht, die sich auf den Feminismus bezieht.

## Feministische Zeitschriften

Die von mir untersuchten Zeitschriften sind in den Kontext der Zweiten Frauenbewegung einzuordnen. Bei den Ausgangsüberlegungen und Begriffsklärungen stütze ich mich auf die Arbeit von Brigitte Geiger (2001). »Ähnlich wie die historischen Frauenbewegungen schufen sich auch die feministischen Bewegungen der zweiten Welle von Beginn an eigene Orte, Strukturen und Medien einer frauenbewegten (Gegen-)Öffentlichkeit.« (Geiger, 385). Daran haben autonome feministische Zeitschriften und Informationsblätter einen wesentlichen Anteil: »Als relativ einfache und leicht verfügbare, wiederkehrende und kontinuierliche Medien sind sie wichtige Informations- und Kommunikationsmittel der Frauenbewegungen. Sie dienen der Artikulation und Diskussion von Anliegen und Forderungen, von Erfahrungen und Lebensrealitäten, der Kritik herrschender Geschlechterverhältnisse und der (Weiter-)Entwicklung feministischer Politik, Theorie und Praxis« (ebd. 385f). Einerseits sind sie die bedeutendsten regelmäßigen

Informationsquellen über Gruppen und Initiativen, Veranstaltungen und Termine innerhalb der »Szene«. Andererseits bieten sie nicht nur Raum für Kommunikation und Diskussion innerhalb der Frauenbewegung, sondern dienen auch als »Artikulationsmittel nach ›außen‹.« Dabei wirken vor allem »größere und stärker nach außen gerichtete Medien« ganz wesentlich mit an der Verbreitung feministischer Ideen. Sie erreichen relativ große Frauenkreise und bewirken, dass feministische Themen auch von »etablierten Medien« aufgegriffen werden (ebd. 386).

Feministische Zeitschriften gehören zunächst einmal zu Frauenzeitschriften allgemein. Diese sind gekennzeichnet »durch einen hohen Frauenanteil an den LeserInnen, Frauen als vorrangige Zielgruppe, frauenspezifische Inhalte/Thematiken bzw. Anwaltschaft für Frauen und weibliche Perspektive« (Geiger 388). Inhalte und Anliegen von feministischen Zeitschriften sind darüber hinaus auf die »Kritik und Veränderung herrschender Geschlechterverhältnisse« ausgerichtet. Sie richten den Blick auf »hierarchische Positionierungen, patriarchale Zuschreibungen, (geschlechtsspezifische) Benachteiligungen und Machtverhältnisse« (ebd.).

Feministische Zeitschriften können außerdem zu den so genannten Alternativmedien gerechnet werden. Hierbei handelt es sich um basisnahe Medien, wie sie im Zusammenhang mit den neuen sozialen Bewegungen des 20. Jahrhunderts entstanden sind. Weiters gehören sie zu den nicht-kommerziellen oder auch Non-Profit-Medien. Auf Grund dessen sind die Produktions- und Vertriebsbedingungen äußerst schwierig: Die finanziellen und personellen Ressourcen sind gering und ungesichert, der größte Teil der Arbeit wird unbezahlt und oft nebenberuflich geleistet (Geiger 389).

## Auswahl und Eingrenzungen

Die wesentlichen Kriterien für meine Auswahl waren:
▶ deutscher Sprachraum, beschränkt auf Österreich und Deutschland
▶ unterschiedliche Zielgruppen innerhalb des feministischen Spektrums
▶ Vergleichbarkeit im Hinblick auf Erscheinungsweise und inhaltliches Konzept (innerhalb des jeweiligen speziellen Typus)
▶ gute Zugangsmöglichkeiten zu den jeweiligen Medien.

Auf dieser Grundlage habe ich folgende Zeitschriften ausgewählt:[11]

aus dem allgemein feministischen Bereich
▶ EMMA
Das Magazin von Frauen für Frauen
Erscheinungsort: Köln
▶ AN.SCHLÄGE
Feministisches Magazin für Politik, Arbeit und Kultur
Erscheinungsort: Wien

aus dem Bereich der Feministischen Theologie
▶ SCHLANGENBRUT
streitschrift für feministisch und religiös interessierte frauen
vierteljährliche nachrichten aus paradies und fegefeuer
Erscheinungsort: Münster, inzwischen Bonn
▶ DER APFEL bzw. das Vorgänger-Medium RUNDBRIEF[12]
beide: Erscheinungsort: Wien

11 Die genauen Angaben zu Herausgeberinnen, Redaktion, Standort und Erscheinungsweise sind im Anhang zu finden.
12 »Rundbrief des Österreichischen Frauen-Forums Feministische Theologie«

aus dem wissenschaftlichen Bereich

▶ DIE PHILOSOPHIN

Forum für Feministische Theorie und Philosophie

Erscheinungsort: Tübingen

(Diese in Deutschland herausgegebene Publikation weist im Beirat der Redaktion einen hohen Anteil österreichischer Wissenschaftlerinnen auf und kann daher als repräsentativ für beide Länder gelten.)

Für die ersten Erkundungen auf diesem für mich methodisch neuen Gebiet habe ich EMMA ausgewählt. Es ist die im deutschen Sprachraum bekannteste feministische Zeitschrift.

Die Zeitschrift AN.SCHLÄGE war die erste Wahl aus dem Spektrum der österreichischen feministischen Zeitschriften, da sie im Hinblick auf Konzept, Erscheinungsweise und Zielgruppe am ehesten mit EMMA verglichen werden kann.

Die Zeitschriften SCHLANGENBRUT und DER APFEL bzw. dessen Vorgängermedium decken inhaltlich den Bereich der feministischen Theologie ab. Beide erscheinen viermal jährlich. Auf Grund ihrer ökumenischen feministisch-theologischen Schwerpunktsetzung wenden sie sich an ein zum Teil anderes Zielpublikum als die allgemein feministischen Zeitschriften. Allerdings kann ich in dem relativ großen Kreis der mir bekannten feministisch-theologisch engagierten Frauen feststellen, dass diese auch zu den Leserinnen von EMMA, AN.SCHLÄGE und anderen feministischen Medien gehören. Für SCHLANGENBRUT hat ihre Bekanntheit gesprochen, außerdem hatte ich leichten Zugang zu den benötigten Jahrgängen. DER APFEL bzw. RUNDBRIEF ist die einzige in Österreich erscheinende feministisch-theologische Zeitschrift, daher erübrigten sich Fragen der Auswahl.

Mit einer wissenschaftlichen Zeitschrift – DIE PHILOSOPHIN – wollte ich ein zusätzliches Feld feministischer Medien erschließen.

Auf die von mir für die Untersuchung aus dem allgemein feministischen sowie aus dem feministisch-theologischen Bereich ausgewählten Beispiele treffen die weiter oben herausgearbeiteten Kriterien für feministische Zeitschriften inhaltlich zu. Das betrifft vor allem auch die Produktions- und Vertriebsbedingungen. Die Zeitschrift AN.SCHLÄGE allerdings versuchte nach zeitweiliger Einstellung und einem Neustart ihr weiteres Bestehen zu sichern mit befristeten arbeitsmarktgeförderten Stellen, öffentlichen Subventionen und Inserateneinnahmen. Auch andere feministische Zeitschriften haben einen beschränkten Anteil an Inseraten[13]. Wissenschaftliche Publikationen, in meiner Untersuchung als Beispiel die Halbjahreszeitschrift »Die Philosophin« gewählt, haben eine andere institutionelle Ausgangsbasis sowie eine weniger breit gefächerte Zielgruppe. Die Charakteristik als »Frauenzeitschrift« sowie das Kriterium »Basisnähe« sind nicht gegeben. Die nebenberufliche Tätigkeit der Herausgeberinnen und Autorinnen kann jedoch ebenso angenommen werden wie Schwierigkeiten bei der finanziellen Absicherung. Im Hinblick auf das Anliegen der »(Weiter-)Entwicklung feministischer Politik, Theorie und Praxis« (Geiger 386) war es mir jedenfalls wichtig, auch diesen Bereich feministischer Publikationen zu beachten.

Die Untersuchungen haben das letzte Jahrzehnt des 20. Jahrhunderts umfasst, d.h. die Jahrgänge 1991 bis 2000. Auch bei zeitweiligen Unterbrechungen, Änderungen der Erscheinungsweise und/oder des Konzepts sowie beim Fehlen einzelner Nummern habe ich an meiner Auswahl festgehalten.

## Ablauf der Untersuchung

Die Leitfrage bei der Untersuchung der angeführten Medien war die Grundfragestellung meiner Arbeit: Wird das Thema »Frau und Alter« in feministischen Printmedien überhaupt wahrgenommen? Wenn ja, in welcher Weise? Und vor allem: Werden die Probleme und Interessen alter Frauen vom Feminismus aufgegriffen, haben sie dort eine »Lobby«?

---

13 Es gibt jedoch Medien wie z.B. AUF. Eine Frauenzeitschrift in Österreich, die in der nebenberuflichen Produktionsweise die einzige Chance für ihre Unabhängigkeit sehen. Vgl. Geiger 392.

Mit folgenden konkreten Fragen bin ich an das Material herangegangen:

▶ Werden alte Frauen in Bildern und Texten sichtbar gemacht?

▶ In welcher Weise, in welchen Zusammenhängen geschieht das?

▶ Hauptfrage: Finden sich redaktionelle Beiträge explizit zum Thema »Frau und Alter«?

▶ Zusatzfrage: Gibt es untergriffige oder diskriminierende Darstellungen bzw. Bezeichnungen alter Frauen?

In meiner Untersuchung verschränken sich qualitative und quantitative Aspekte. Ein qualitatives Herangehen ist die gezielte Suche nach der Darstellung/Artikulation bestimmter Inhalte. Das betrifft den Bereich »Frau und Alter«, zunächst ganz allgemein gesehen. Der quantitative Aspekt bezieht sich auf die Frage, mit welcher Häufigkeit innerhalb des untersuchten Zeitraumes die jeweilige Zeitschrift in redaktionellen Beiträgen diese Thematik aufgenommen und problematisiert hat. Bei solchen Beiträgen habe ich jeweils die inhaltlichen Schwerpunkte festgehalten.

Zunächst habe ich die zwölf Hefte des Jahrgangs 1991 von EMMA durchgearbeitet und sehr detailliert jedes Aufscheinen und Erwähnen von alten Frauen in Wort und Bild dokumentiert.

Diese Analyse hat zu den nachstehend angeführten Ergebnissen geführt.

Alte Frauen werden in folgenden Zusammenhängen erwähnt, dargestellt, sichtbar gemacht:

1) mit Namensnennung

▶ prominente Zeitgenossinnen aus Anlass bestimmter öffentlicher Ereignisse (z.B. Preisverleihungen, Geburtstage, Skandale, berufliche Veränderungen, als Fachfrauen für bestimmte Bereiche oder dgl.) oder als Autorinnen der Zeitschrift EMMA

▶ bekannte historische Persönlichkeiten (anlässlich von Geburtstagen, Buchveröffentlichungen …)

▶ »Frauen aus dem Volk« namentlich genannt in Verbindung mit bestimmten Lebenssituationen, Leistungen oder dgl., die allgemeines Interesse verdienen, die auch als Vorbilder geeignet sind

2) anonym, und zwar anderen namentlich genannten Personen (Tochter, Enkelin) oder Gruppierungen zugeordnet (Berufsverband, NGO …)

3.) anonym, ohne personalen Bezug, und zwar in Reportagen oder dgl. als Illustration eines Themas wie z.B. die (schwierige) Situation in der ehemaligen DDR

4.) als Gegenstand eines literarischen Beitrages oder einer Buchbesprechung

Fazit: Das Thema »Frau und Alter« kommt in den Heften der EMMA des Jahrganges 1991 in redaktionellen Beiträgen als eine eigene Problemstellung nicht vor.

Auf der Basis dieses Ergebnisses wurde für die weiteren Recherchen folgende Leithypothese aufgestellt:

Alte Frauen werden erwähnt, dargestellt, sichtbar gemacht nur

a) im Zusammenhang mit anderen Themen

b) als Illustration dazu

c) als Einzelpersonen, die aus unterschiedlichen Gründen interessant sind

d) als anonyme Angehörige von Gruppen oder anderen Personen

Bei allen weiteren Analysen wurde nach Bestätigung bzw. Widerlegung dieser Annahme gefragt. Zusätzlich habe ich interessante Details wie Buchbesprechungen, besonders auffallende Bilddarstellungen oder Hinweise auf die jeweilige Zielgruppe festgehalten.

## Zusammenfassungen

Zeitliche Einordnungen

Die Gründungsjahre der von mir untersuchten Zeitschriften liegen zwischen 1977 (EMMA) und 1990 (DIE PHILOSOPHIN). AN.SCHLÄGE und SCHLANGENBRUT sind beide erstmals 1983 erschienen. Der RUNDBRIEF, 1998 mit verändertem Konzept und Layout zu DER APFEL mutiert, hatte seinen Start vermutlich im Gründungsjahr des Forums feministische Theologie, nämlich 1986.

Diese zeitliche Abfolge lässt erkennen, dass der Beginn der Produktion feministischer Medien im allgemein feministischen Bereich lag. Die feministische Theologie – so wie die Zweite Frauenbewegung insgesamt – entfaltete sich in Europa mit zeitlicher Verzögerung gegenüber Nordamerika. Offenbar liegt zwischen den jeweiligen »Starts« in Deutschland und Österreich eine weitere Zeitspanne. Dass eine wissenschaftliche Zeitschrift erst entstehen konnte, nachdem sich das Thema »Feministische Theorie« zumindest ansatzweise an den Universitäten etabliert hatte, liegt auf der Hand. Auch hier konnte auf der einschlägigen Entwicklung in den USA aufgebaut werden.

## Thema Frau und Alter: Vorkommen und Schwerpunkte

In drei der fünf untersuchten Zeitschriften (EMMA, AN.SCHLÄGE und RUNDBRIEF) finden sich insgesamt 14 redaktionelle Beiträge, die die Thematik »Frau und Alter« unter verschiedenen Aspekten zur Sprache bringen. Gegenüber dem RUNDBRIEF mit einem Beitrag und der EMMA mit zwei Beiträgen haben die AN.SCHLÄGE 11 einschlägige Artikel aufzuweisen. Die zeitliche Verteilung über die Jahrgänge 1991 bis 2000 zeigt ein anderes Ungleichgewicht: 13 der 14 Beiträge sind in der zweiten Hälfte des Untersuchungszeitraumes erschienen.

Unter den angesprochenen Themen wird die Problematik der Frauenpensionen fünfmal aufgegriffen, viermal geht es um die Wechseljahre. Die restlichen Beiträge beschäftigen sich dreimal mit der persönlichen Ebene (Pensionistinnenalltag, persönliche Erfahrungen und Befindlichkeiten) sowie zweimal mit Projekten von/für alte/n Frauen (Wohnen, Theater).

Deutlich wird hier, dass ein allgemein gesellschaftliches bzw. sozialpolitisches Problem von vorrangigem Interesse ist, knapp gefolgt vom (offenbar unvermeidlichen) Thema der »weiblichen Biologie«.

## Zielgruppen

Hinweise auf die jeweils von den Zeitschriften angepeilte(n) Zielgruppe(n) halte ich in Hinblick auf meine Forschungsfrage für besonders interessant. Dazu konnte ich die folgenden Beobachtungen machen.

EMMA

Einer Leserinnenanalyse (1994) ist zu entnehmen, dass der Anteil von Leserinnen zwischen 50 und 59 Jahren 8% beträgt (Anteil in der Gesamtbevölkerung 16%), jener der über Sechzigjährigen 3% (Vergleichswert 28%). In diesem Zusammenhang ist von »stürmischem Nachdrängen der Jungen« die Rede und davon, dass sich auf Grund dessen »die Alten für eine Rarität halten« könnten.

1997 findet sich folgender Cover-Text: »Endlich im besten Girlie-Alter! 20 Jahre EMMA.« Im Heft selbst wird darauf hingewiesen, dass keine »Überalterung der Leserinnen« festzustellen ist, sondern eine »ebenso junge Leserinnenschaft wie vor 20 Jahren«[14].

Bei einer Leserinnenumfrage 1998 gibt es bezüglich des fortgeschrittenen Alters wiederum die Einstufungsmöglichkeiten 50 bis 59 und über 60.

1999 wird Simone de Beauvoir als die »Pionierin der Girlies« bezeichnet; Anlass dafür war das Erscheinen von »Das andere Geschlecht« 50 Jahre zuvor.

Und schließlich eine Überschrift im Jahrgang 2000: »Die Girlies

14 Siehe dazu auch den Punkt Bildmaterial.

sind Emanzen. Eine neue Umfrage zeigt: Niemand ist so feministisch wie die jungen Frauen.«

## AN.SCHLÄGE

1996 wird im Rahmen einer Leserinnenumfrage unter anderem gefragt: Wie alt seid ihr? Das Resultat: »Der Großteil ist zwischen 20 und 39 Jahre …« Bei Antworten auf die Frage, welche Bereiche zu wenig behandelt werden, ist das Thema »Alter« nicht erwähnt.

Im Rahmen der jeweiligen Eigenwerbung (für Abonnements) wird in den Jahrgängen 1997 und 1998 je einmal eine alte Frau abgebildet. Ansonsten sind es junge Frauen oder andere Bildinhalte.

## RUNDBRIEF

Jahrgang 1994: In einem Fragebogen für die Leserinnen sind bei den Berufsangaben die (Selbst-)Bezeichnungen »Hausfrau« und »Pensionistin« nicht vorgesehen.

Jahrgang 1996: Bei der Behandlung des Themas »Wie gehen wir mit unseren Unterschieden um?« kommt unter den angeführten Beispielen »Alter« nicht vor.

## DIE PHILOSOPHIN

Das Heft Mai 2000 ist dem Schwerpunkt Zeit/Alter gewidmet. Das Editorial führt in dieses Thema bzw. in die einzelnen Beiträge ein. Dort verweisen die Herausgeberinnen darauf, »welche Bedeutung es hat, wenn man das eigene Älterwerden nicht ausspart, sondern mitzudenken versucht.« Damit wird zwar nicht auf das Alter einer Zielgruppe, jedoch auf die Generationenzugehörigkeit der Autorinnen bzw. der Herausgeberinnen reflektiert.

Weder in der SCHLANGENBRUT noch im APFEL konnte ich Hinweise auf die Zielgruppe(n) feststellen.

## Buchrezensionen bzw. Buchhinweise

Rezensionen haben in allen untersuchten Zeitschriften ihren festen Platz. In den von mir durchgeschauten Ausgaben habe ich auf Buchbesprechungen geachtet, in denen ein Bezug zum Thema »Frau und Alter« festzustellen oder anzunehmen ist.

Die »Ausbeute«[15] umfasst zwei belletristische Bücher, fünf »populäre« Sachbücher, eine Auseinandersetzung mit Alter/Tod im Hinblick auf Frauen sowie drei Veröffentlichungen auf feministisch-wissenschaftlicher Basis. Zwei dieser Bücher wurden jeweils in zwei Zeitschriften besprochen.

Simone de Beauvoir wurde in den untersuchten Zeitschriften mehrfach erwähnt. Das geschah vor allem aus Anlass des 50. Jahrestages des Erscheinens von »Das andere Geschlecht« (dt. Ausgabe). Auf ihr ebenfalls grundlegendes Buch »Das Alter« (1970) wurde jeweils nicht verwiesen – die einzige Ausnahme bildete DIE PHILOSOPHIN (Mai 2000): In einem Artikel unter dem Titel »Altern – Dialektik eines Themas zwischen Antike und Moderne« bezieht sich die Verfasserin Eva Birkenstock auf de Beauvoirs realistische Sicht dieser letzten Lebensperiode. (43ff).

---

15 Benrath Ina, Mein fünfzigstes Jahr. AN 1995
   Blome Andrea, Frau und Alter. »Alter«, eine Kategorie feministischer Befreiungstheologie. SCH 1994, Ru 1995
   Daimler Renate, Verschwiegene Lust. Frauen über 60 erzählen von Liebe und Sexualität. E 1991, AN 1991
   Daimler Renate, Lust auf 50: Frauen am Wendepunkt. E 2000
   Fenner Brigitte /Hermine Oberrück, welt.verlassen. Junge und alte Frauen im Spannungsfeld von Alter und Tod. SCH 1998
   Friedan Betty, Altersmythos. E 1995
   Janssen Claudia, Elisabet und Hanna – zwei widerständige Frauen in neutestamentlicher Zeit. Eine sozialgeschichtliche Untersuchung. SCH 1998
   Kilian Eveline, Susanne Komfort-Hein (Hg.), GeNarrationen. Variationen zum Verhältnis von Generation und Geschlecht. Phil 2000
   Rissin Nina, Wechseljahre/Wechselzeit. AN 1995
   Tamaro Susanna, Geh wohin dein Herz dich trägt. E 1995 (Unter der Ankündigung: »Ein 80jähriges Girlie ...«)
   Wallis Velma, Zwei alte Frauen. SCH 1994
   Abkürzungen: E = EMMA, AN = AN.SCHLÄGE, SCH = SCHLANGENBRUT, Ru = RUNDBRIEF, Apf = DER APFEL, Phil = DIE PHILOSOPHIN

**Bildmaterial**

Im Rahmen der von mir notierten »interessanten Details« habe ich das Augenmerk auch auf Cover-Bilder sowie auf sonstige besonders auffallende bildliche Darstellungen alter Frauen gerichtet. Bilder anlässlich von Geburtstagen der jeweils Dargestellten oder dgl. habe ich dabei nicht berücksichtigt. Eine Zusammenstellung des Aufgefundenen steht im Anhang.

**Klischees, Abwertungen alter Frauen ...**

In diesem Zusammenhang geht es vor allem um Doppelbotschaften bzw. um nicht eindeutig Gesagtes/Gezeigtes. Die Unterschied zwischen Klischees und Abwertungen lässt sich nicht exakt festmachen, insofern als »Klischeehaftigkeit« auch ein eingeengtes, undifferenziertes Wahrnehmen voraussetzt. Ich stelle hier jene Beobachtungen zusammen, die ich für charakteristisch und wichtig halte.

Ein häufig vorkommender Aspekt in Verbindung mit Frau und Alter umfasst die Wechseljahre bzw. die Menopause. Als zunächst noch möglicherweise neutrale, medizinische bzw. biologische Begriffe bekommen diese Wörter spezielle Konnotationen in Zusammenhängen wie den folgenden:

»Lange nach der Menopause verliebte sie sich in die Macht«, heißt es von einer Politikerin (E 1991/1).

Die Überschrift »Sind Frauen nach den Wechseljahren noch Menschen?« legt abwertende Vorstellungen nahe, auch wenn sich dann herausstellt, dass sie ironisch gemeint ist (E 1999/3-4).

Die Verbindung der Worte »Wechseljahre« und »greise« ruft (selbst wenn sie in Frage gestellt wird) negative Vorstellungen hervor: »Noch sind das keine Wechseljahre ... und kein bisschen greise« (AN 1995/Apr.).

Einem positiven oder auch nur sachlichen Wahrnehmen alter Frauen wirken viele vermutlich gedankenlos verwendete Ausdrücke oder Wendungen entgegen wie z.B. die folgenden:

»... keine Überalterung der Leserinnen ...« (E 1997/1-2);

»Ein 80-jähriges Girlie« (Rezension von S. Tamaro »Geh wohin dein Herz dich trägt«, E 1996/3-4);

»Frauen zum Löcherstopfen« als Überschrift eines Beitrages über »Einschnitte bei den Pensionen« bezogen auf Frauen (AN 2000/Apr.).

Das Gleiche gilt für die unkommentierte Wiedergabe von medialen Ankündigungen wie »Golden Girls« (E 1991/5), »schrille Alte« (E 1991/6) oder »TV-Weiber« (E 1991/6).

Eine andere Schiene von Klischeehaftigkeit zeigt sich bei folgenden Beispielen in Form von Rollenfestlegungen:

»Wenn wir nicht die Omis hätten ...« (Überschrift einer Glosse in AN 1999/Feb.);

»Mama Wiechert tröstet Oma Käthe« (Überschrift in E 1991/7);

»Wenn die Ministerin Sorgen hat, gibt Muttern gute Ratschläge« (Bildunterschrift in einem Bericht über ein Regierungsmitglied, E 1991/7).

Auf Covern, die alte Frauen abbilden, findet sich häufig der Typ der skurrilen oder komischen Alten. Dies betrifft AN 1999/2000/12-1, SCH 1995/49 und 1996/5 sowie Ru 1998/44[17].

---

17 Details siehe im Anhang bei Bildmaterial.

## Zusammenfassung der Ergebnisse

In jeweils zehn Jahrgängen habe ich in 5 Zeitschriften 14 redaktionelle Beiträge gefunden, die Fragen und Probleme behandeln, die die Lebenssituation alter Frauen kennzeichnen. Dabei sind folgende (Ungleich-) Verteilungen zu beobachten:

▶ Bei den Themen führt quantitativ die Frage der Pensionen vor dem Thema Menopause, d.h. ein sozialpolitisches und im wahrsten Sinn des Wortes existenzielles Problem vor einer häufig zum Problem gemachten Thematik der »weiblichen Biologie«. Sehr persönliche Erfahrungen einer 54jährigen kommen zur Sprache, eine ausführliche Reportage behandelt die Komplexität und Widersprüchlichkeit des Alltags von »Pensionistinnen«. Mit je einem Wohn- und einem Theater-Projekt werden weitere Brennpunkte des Lebens im Alter deutlich gemacht: Wie lässt sich altersgerecht wohnen? Wie lässt sich die Freizeit gestalten? Und in beiden Fällen wird die Frage gestellt: Wie lässt es sich im Alter leben ohne zu vereinsamen?
Wenn auch einzelne Hinweise oder Notizen zusätzlich auf für Frauen im Alter relevante Fragen verweisen – wie etwa Rechte von »Rentnerinnen« (E 1996/9-10), Betreuung alter und kranker Frauen (unter dem Aspekt der Überlastung der pflegenden Frauen, E 1994/7-8, AN 1995/Apr.), so wird durch das Ergebnis die als Ausgangspunkt meiner Recherchen aufgestellte Hypothese insgesamt stärker gestützt als widerlegt.
▶ 13 der 14 einschlägigen Beiträge sind in Heften aus der zweiten Hälfte der von mir untersuchten Dekade erschienen. Das legt die Vermutung nahe, dass im Bereich der Gesellschaftspolitik und damit auch im Feminismus in dieser Zeit das Bewusstsein für die Bedeutung des Problemkomplexes »Frau und Alter« zugenommen bzw. sich zunehmend entwickelt hat.
▶ 11 der 14 redaktionellen Beiträge sind in der Zeitschrift AN.SCHLÄGE erschienen, und das, obwohl dieses Medium während des Untersuchungszeitraumes über zwei Jahre eingestellt war. Einige Vermutungen über die Gründe bieten sich hier an: Lt.

Geiger (1998, 135) »ist die AN.SCHLÄGE-Redaktion die erste Redaktion einer autonomen Frauenzeitschrift in Österreich, die sich ... auf eine Professionalisierung ihrer Arbeit einlässt ...« Der Beitrag von Geiger beschäftigt sich nur mit den in Österreich erscheinenden feministischen Zeitschriften, vergleichbare Aussagen zu EMMA oder auch SCHLANGEN.BRUT liegen mir nicht vor. Möglicherweise ist im Hinblick auf Professionalisierung kein großer Unterschied festzustellen. Ich selbst kam bei der Durchsicht der AN.SCHLÄGE auf einen weiteren möglichen Grund. Im Rahmen der Förderung durch die Arbeitsmarktverwaltung wurde eine über fünfzigjährige Mitarbeiterin eingestellt. Es ist denkbar, dass diese den jüngeren Frauen der Redaktion ihre eigene Betroffenheit vermitteln konnte. Mehr als Vermutungen waren jedoch im Rahmen meiner Untersuchung nicht möglich.

Eine eigene Sprache sprechen jene (Cover-) Bilder, auf denen alte Frauen dargestellt werden[18].

▶ Ein einziges Bild zeigt eine schöne alte Frau (Ru 1997/40).

▶ Alte Frauen in seltsamer Aufmachung oder Verkleidung kommen mehrfach vor: so etwas wie eine Hexenrunde (Ru 1998/40), eine Erscheinung à la »Madame la Morte« (SCH 1996/Nov.), eine Frau in langem Kleid mit Kreuz und Krone (SCH 1995/Mai) sowie eine Art weiblicher »Clown« mit Gitarre (AN 1999/2000/Dez.-Jan.).

▶ Die übrigen alten Cover-Frauen wirken (klein-)bürgerlich, fallweise bäuerlich (mit Kopftuch) oder »exotisch« (Indigena, Mother Jones).

▶ Alte Frauen gemeinsam mit jüngeren abgebildet zeigen z.B. das Schema Betreuerin/Betreute, drei Generationen (an einem ersten Schultag), oder sie reagieren auf spezielle Anlässe (Jubiläum, Millennium).

Besonders einprägsam ist die Darstellung einer ärmlich und verloren wirkenden alten Frau in EMMA 1991/8. Sie dient als Illustra-

18 Siehe Auflistung Bildmaterial im Anhang

tion einer »Reportage aus dem Niemandsland«, die die schwierige Lage in der Ex-DDR behandelt.

Weitere Themen, die mit den aufgelisteten Bildern illustriert werden:

▶ österreichische Asylpolitik (AN 1994/März)

▶ Verliererinnen der Wende. Frauen in Rumänien (AN 1997/Feb.)

▶ Pensionistinnenalltag. Frauen zwischen Power und Depression (AN 1998/Sept.)

▶ Umsonst ist der Tod. Euthanasie/Hospizbewegung (AN 1999/Feb.)

▶ Conquista (SCH 1992/Mai)

▶ Religionspädagogik (SCH 1992/Nov.)

▶ Religiös werden und bleiben (SCH 1995/Mai)

▶ Sterben und Tod (SCH 1996/Nov.)

▶ Die Hohepriesterin von Smit (Ru 1997/40; hierbei handelt es sich um die oben erwähnte schöne alte Frau)

▶ Der »Hexenrunde« (Ru 1998/44) ist kein Text zugeordnet; da im Inneren des Heftes vor allem über eine Jahrestagung des »Österreichischen Frauenforums Feministische Theologie« berichtet wird, ist dieses Bild möglicherweise ein ironisch gemeinter Kommentar.

Diese Zusammenstellung soll vor allem ein »Stimmungsbild« vermitteln. Abgesehen von religiösen Themen in feministisch-theologischen Zeitschriften ist die Darstellung alter Frauen in vielen Fällen mit Berichten über allgemein schwierige Situationen verbunden. Mit Ausnahme des Titels »Pensionistinnenalltag« geht es kein einziges Mal explizit um die Auseinandersetzung mit der Thematik »Frau und Alter«. Alte Frauen kommen zum einen als »Verliererinnen« und/oder Opfer vor, zum andern wird ihnen zugeschrieben, »ein wenig seltsam« zu sein, und schließlich verkörpern sie den Typ »gute« oder »liebe Omi«. Die vorgefundenen Bilder weichen kaum von jenen Klischees ab, die beispielsweise in der Werbung eingesetzt werden, wenn es um die Darstellung alter Frauen geht (vgl. Abschnitt 3).

Sofern Hinweise auf die von den Redaktionen angesprochene/n Zielgruppe(n) zu finden sind, zeigen diese eine deutliche Tendenz.

▶ Vor allem EMMA ist bestrebt, die Jugendlichkeit ihrer Leserinnen und damit ihre eigene »Jugendlichkeit« zu betonen. Die häufige Verwendung des Ausdrucks »Girlie« in diesem Zusammenhang empfinde ich als peinliche Anbiederung an Klischees von weiblichem Jung-Sein.

▶ In den AN.SCHLÄGEN zeigt sich ebenfalls die Ausrichtung auf eine tendenziell junge Zielgruppe. Allerdings ist dies weniger stark und mit anderen sprachlichen und bildlichen Mitteln hervorgehoben als in der EMMA. Und es war kein Hindernis dafür, die mit Abstand meisten Beiträge zum Thema »Frau und Alter« zu veröffentlichen.

▶ Auch im RUNDBRIEF ist das Interesse an vorwiegend jungen Frauen ablesbar.

▶ Im Editorial der PHILOSOPHIN (Mai 2000) gibt es einen Ansatz, das eigene Älterwerden nicht auszusparen, sondern mitzudenken.

In den Zeitschriften SCHLANGEN.BRUT und DER APFEL finden sich keine eindeutigen Hinweise auf ein bestimmtes Alter der Zielgruppe.

## Methodische Reflexion

Im Zuge der Analyse von Karikaturen (Abschnitt 4) und der Durchführung und Interpretation von Interviews (Abschnitt 5) konnte ich auf erprobte Methoden zurückgreifen, was in Bezug auf die Untersuchung von Zeitschriften nicht der Fall war. Mit dieser Untersuchung betrat ich ein mir bislang unbekanntes Terrain. Den Ausgangspunkt bildete hier nicht etwa ein bestimmter theoretischer oder methodischer Ansatz, sondern es lag vielmehr meine Absicht zu Grunde, die Arbeit gemäß den Vorgaben der »verstehenden« bzw. »qualitativen« Soziologie weiter zu führen. Jede der ausgewählten Zeitschriften betrachte ich als einen »Einzelfall«, so dass ich fünf »Einzelfallstudien« durchgeführt habe. Die Basis dafür bildete die genaue Untersuchung des Jahrgangs 1991 der EMMA. Aus den gewonnenen Ergebnissen und deren Reflexion konnte eine Art Leitfaden für die weiteren Analysen erstellt werden. Mit einer Hypothese als Ausgangspunkt (s.o.) war dann ein gezieltes Herangehen an das umfangreiche Material möglich.

# Schlussdiskussion feministische Zeitschriften[19]

Alte Frauen in feministischen Zeitschriften?

Es gibt sie – und das war auch zu erwarten. Dies ist jedoch keine positive Antwort auf jene Fragen, die meine Untersuchung geleitet haben:

Werden die Probleme und Interessen alter Frauen im Rahmen des Feminismus wahrgenommen?

Haben sie dort so etwas wie eine »Lobby«, so wie beispielsweise lesbische Frauen?

Gilt alten Frauen auch dann Aufmerksamkeit, wenn sie weder prominent sind noch etwas Herausragendes geleistet haben?

Bedeutet die Darstellung alter Frauen mehr als eine Illustration unterschiedlicher und oft nicht besonders attraktiver Themen?

Zeitschriften mit ihrer Nähe zum jeweiligen gesellschaftlichen »Klima«, mit den in ihnen gespiegelten Veränderungen und Kontinuitäten haben mich an eine feministische Alltagsrealität herangeführt. Es ist gelungen, einige für meine Fragestellung interes-

---

19 Ergänzend zur Untersuchung feministischer Zeitschriften habe ich nach Informationen aus der Buchbranche recherchiert. Zunächst wurde eine professionelle Internetrecherche durchgeführt, die keine neuen Erkenntnisse brachte. Daraufhin fragte ich per Email sieben deutschsprachige Verlage, die sich als »Frauenverlage« bezeichnen, ob und welche Titel zu »Frau und Alter« seit 1991 bei ihnen erschienen sind. Folgende Verlage wählte ich aus: Argument Verlag (Hamburg), Christel-Göttert-Verlag (Rüsselsheim), EMMA-Verlag (Köln), Milena Verlag (Wien), Orlanda Frauenverlag (Berlin), Ulrike Helmer Verlag (Königstein), Verlag Frauenoffensive (München). Das Ergebnis umfasst 2 Leermeldungen und je drei Titel zu den Themen Wechseljahre bzw. Neubeginn im Alter(n). Weiters sind 6 Titel angeführt, die lebensgeschichtlich orientiert sind bzw. das Verhältnis der Generationen, das Vermächtnis der Älteren an die Jüngeren behandeln. Soweit aus den Angaben zu entnehmen ist, sind darin sowohl erzählte Alltagsgeschichte als auch romanhafte Verarbeitungen enthalten. Außerdem werden zwei Kriminalromane genannt, in denen eine alte Frau die Protagonistin ist. Die Verlage haben meine Anfrage offensichtlich weit gefasst verstanden und zwar kein ausgesprochenes Desinteresse vermittelt, jedoch auch keine wirkliche Wahrnehmung der gesellschaftspolitischen Brisanz, die mit dem Thema Alter und Frauen verbunden ist. Für mich war keine feministisch geprägte Bewusstseinsarbeit in diesem Zusammenhang erkennbar.

sante »Handlungsfiguren« zu identifizieren (vgl. Lamnek 1995, 28).

In den von mir untersuchten Zeitschriften und innerhalb des gewählten Zeitraumes 1991 bis 2000 war das Thema »Frau und Alter« insgesamt nur marginal vorhanden. Auch in diesem Bereich ist das Zusammentreffen von Sexismus und Ageismus offensichtlich. Die »gefährliche Kreuzung« (nach Kalny 2001), auf der sich alte Frauen be- und vorfinden, wurde von den Redaktionen der Zeitschriften (noch) nicht der Realität entsprechend wahrgenommen.

# 7. Wo steht der Feminismus heute?

Ist Feminismus noch aktuell? Gibt es ihn überhaupt noch? Wenn ja, wo und wie?

Fragen wie diese werden immer wieder laut, sind jedoch nicht neu. Eine Standortbestimmung des Feminismus ist offenbar »work in progress«.

Schon vor über fünfzehn Jahren hat sich Cornelia Klinger (1991) unter dem Titel »Andere Leiden – andere Kämpfe« mit diesem Thema beschäftigt. »Gerade eben – wieder einmal – am Horizont aufgetaucht und noch kaum in seiner ganzen Tragweite ausgelotet, scheint der Feminismus bzw. die von ihm gestellte Geschlechterfrage neuerdings bereits erledigt – sei es, daß seine Problematik als weitgehend und weitgehend zufriedenstellend gelöst dargestellt wird, sei es, daß der Eindruck erweckt wird, daß es inzwischen an der Zeit sei, sich wichtigeren Problemen zuzuwenden« (Klinger 1991, 2). Lt. Klinger gehört es in den westlichen Ländern »zum guten Ton, die Gleichheit der Geschlechter als erreicht zu betrachten ...« und damit die Ära des Postfeminismus auszurufen (ebd.).

Klinger führt verschiedene Erklärungsmuster für eine Situation an, in der »die vor kurzem erst neu ins kollektive Bewußtsein gerückte Frage nach dem Geschlechterverhältnis ... so inaktuell geworden zu sein scheint.« Zunächst ist das die Überzeugung, andere Unterdrückungsverhältnisse seien gravierender und daher vordringlich zu bekämpfen. Weiters gibt es die Vermutung einer »raffinierten Strategie von interessierter Seite«. Und dazu kommt die Annahme, dass in der heutigen Mediengesellschaft mit ihrem »schnellen Schlagzeilenwechsel«, der immer rascheren Abfolge neuer Themen, auch der Feminismus einer Art von öffentlichem Verschleiß unterliegt.

Keine der Möglichkeiten weist die Autorin generell zurück. Sie hält jedoch diese Ansichten für zu kurz greifend, weil sie die »Ursachen für das erklärungsbedürftige Phänomen außerhalb des Feminismus und seiner Fragestellungen suchen ...« Klinger meint, dass das »seltsame Zurücktreten des Feminismus auch und vielleicht vorrangig mit seiner eigenen Struktur zu tun hat« (ebd.). Ein Anzeichen dafür sieht sie in der Tatsache, dass sich Derartiges in der Geschichte des Kampfes um die Emanzipation der Frauen schon öfter ereignet hat. Ein Beispiel dafür war in der Ersten Frauenbewegung der Punkt, an dem das Wahlrecht für Frauen in den westlichen Demokratien weitgehend erreicht war. Simone de Beauvoir etwa hielt 1949 den Feminismus für ein »abgedroschenes Thema« (ebd. 2,6). Klinger sieht letztendlich die wichtigste Ursache für solche Krisen des Feminismus als politische und soziale Bewegung darin, dass sich das Verhältnis der Geschlechter von anderen Unterdrückungssystemen in seiner Struktur grundlegend unterscheidet. In der Auseinandersetzung zwischen den Geschlechtern steht der »Feind« nicht außerhalb, ein »Außen« lässt sich nicht definieren wie in anderen Befreiungsbewegungen.

Die Feministische Theorie hat sich bisher noch nicht entsprechend mit der »inhaltlichen Bestimmung der Andersartigkeit der geschlechtsbezogenen Herrschaftsverhältnisse« beschäftigt (ebd. 3). Aus derartigen notwendigen und fundiert angestellten Überlegungen erwartet Klinger sich einen Zugang zu »bestimmten Merkmalen, die Feminismus und Frauenbewegung eigen sind«, wie etwa das Phänomen des »mysteriösen Verschwindens der Frauenfrage, des Verblassens oder Verschwimmens ihrer Problematik kurz nach ihrem Auftreten ...« (ebd. 3).

Nach diesen grundsätzlichen Überlegungen im Hinblick auf die frühen 90er Jahre möchte ich nun auf aktuellere Auseinandersetzungen mit der Frage nach dem Stellenwert des Feminismus und der Situation der Frauenbewegung eingehen.

In einem Artikel in der Zeitschrift AUF (Nr. 124, Juni 2004, 26ff) etwa widmen sich Britta Cacioppo und Astrid Jane Rieger dieser Problematik. Die Autorinnen verweisen auf die »Vielzahl der Frauengruppen und -projekte mit ihren ganz unterschiedlichen Strukturen, Arbeitsweisen, Ansprüchen und Zielen«. Das führt unter anderem dazu, dass die Frauenbewegung »nicht mehr so unmittelbar als eine Bewegung sichtbar« ist (ebd. 26). Die beiden Autorinnen zitieren die Meinung von Hildegunde Dick, wonach die »Differenzierung der Frauenbewegung ... größere Heterogenität in Bezug auf politische Standpunkte und Strategien« bedeutet (ebd., Dick 1991, 119). Und weiter lt. Dick: »So steht die Frauenbewegung vor einer widersprüchlichen Situation. Mehr Frauen denn je engagieren sich emanzipatorisch, die Frauenbewegung hat sich in zahlreiche gesellschaftliche Bereiche ausgedehnt und die Frauen›frage‹ wird in der Öffentlichkeit diskutiert. Die Frauenbewegung ist aber gleichzeitig als politische Kraft nicht stärker geworden. Sie findet keine gemeinsame politische Ausgangsform und das ehemalige Ziel, die grundsätzliche Gesellschaftsveränderung wird durch punktuelle, realisierbare Ziele abgelöst (...).« Dies bedeutet nicht, dass die Frauenbewehung keine Erfolge aufzuweisen hätte. »Sie hat erreicht, daß feministische Ideen gesellschaftlich integriert werden, und daß sich Projekte etablieren können. Sie erfährt aber auch, daß die Strukturen des patriarchal-kapitalistischen Systems flexibel und aufnahmefähig, aber deren Grundfeste nicht zu erschüttern sind.« Die Frauenbewegung in ihrer Vereinzelung und Unterteilung kommt dieser Entwicklung entgegen; sie hat jedoch »nicht die politische Macht sie zu steuern und auf den feministischen Gesamtzusammenhang zu beharren« (ebd. 27, Dick 232)[20]. Nach dem Hinweis auf gegenwärtige politische Verhältnisse, in denen bereits etablierte feministische Errungenschaften wieder in Frage gestellt werden, formulieren Caccioppo und Rieger die Überzeugung, dass »das Bemänteln des Status quo und die Aussicht auf Aussichtslosigkeit für Frauen« Anlass für neue kämpferische Aktivitäten sein müssen (AUF Nr. 124, 27).

Auch die Auseinandersetzung mit der »Generationenfrage« innerhalb der Frauenbewegung steuert einige erhellende Aspekte zur Fragestellung »Feminismus – Postfeminismus?« bei. In einem Artikel mit dem pointierten Titel »Gründerinnen – Macherinnen – Konsumentinnen?« geht Irene Stoehr (1995) davon aus, dass die folgende Feststellung auch für den Feminismus gilt: »Mit dem Altern der neuen sozialen Bewegungen der Nachkriegszeit gerät die Zeit als Medium der Veränderung wieder in den Blick – und zwar

---

20 Die Zitate aus der Arbeit von Dick wurden anhand des Originals überprüft.

nicht nur als gesellschaftliche Zeit, sondern auch als Lebenszeit« (Stoehr, 91). Andererseits – so diese Autorin – wird »die Wahrnehmung von Generationenunterschieden durch das Phänomen behindert, dass die sozial bewegten Alten sich als ewig Junge zu fühlen geneigt sind und sich deshalb besonders schwer tun, andere Denkformen und Verhaltensweisen der Nachfolgenden als ein ›Neueinsetzen neuer Menschen‹ zu erkennen …« (ebd.). Vor dem Hintergrund des damals (auf einer Tagung 1993, EH.) »viel beschworenen Endes« der Frauenbewegung beschäftigt sich Stoehr mit der Frage der Generationen innerhalb dieses Bezugsrahmens (ebd.)[21].

Stoehr versteht den Begriff »Generation« als Konstruktion in dem Sinn, dass es vom jeweiligen Erkenntnisinteresse abhängt, welche Ausprägung und Anzahl von Generationen berücksichtigt werden. Die Autorin hält es für vernünftig, »mehr als zwei Generationen in den Blick zu nehmen«, wenn es wie hier, im Zusammenhang mit der feministischen Bewegung, um die Darstellung einer Entwicklung geht (ebd. 95).

Vor diesem Hintergrund werden die Generationen wie folgt definiert:

Die erste Generation der um 1940 Geborenen, die der »Gründerinnen«, »war gekennzeichnet durch Aufbruchsstimmung … und eine radikale Ablösung von den Männern.« An ihren Vertreterinnen bemerkt die Autorin »ein über eine Art feministische Offenbarung vermitteltes Bewußtsein ihres Frauseins, das zum zentralen Bezugspunkt ihrer Identität geworden ist« (ebd. 97f).

Darauf folgen die (Projekte-)Macherinnen. Sie sind in den 1950er Jahren geboren. Diese Generation verkörpert die »Hochzeit der neuen Frauenbewegung«. Sie ist von daher »Trägerin der konfliktreichen Projektebewegung, als die sich die Frauenbewegung nach ihrer Gründungsphase fortsetzte« (ebd. 100). Als eine Generation, die »mit der neuen Politik-Gestalt konfrontiert war, in der Arbeit, Utopie und Privatleben auf pragmatische Art vermixt werden

---

21  Wie Klinger verweist auch Stoehr auf eine vergleichbare Problematik der Ersten Frauenbewegung in den 1930er Jahren (ebd. 93).

mußten ...«, erlebten diese Frauen jene auch problematische Phase, die durch die »zunehmende Institutionalisierung bzw. Verstaatlichung des Feminismus« gekennzeichnet war (ebd. 100f).

Schließlich folgt die Generation der »Konsumentinnen«, die »Angebotsgeneration«, die die Frauenbewegung als vielfältiges Angebot vorfindet und auf unterschiedliche Weise davon profitiert. Ihnen gegenüber findet die Autorin sich in der Reihe der »Altfeministinnen«, die mit Angst und Neid bei den Jungen eine »ständig begehrliche Bereitschaft ... die Frauenbewegung und uns zu verlassen« erlebt (ebd. 104).

In ihrem Resümee fragt Stoehr: »Sind die (damals, 1993, Anm. EH.) 30-Jährigen dabei, das feministische Erbe zu verschleudern, an dem die 50-Jährigen verbissen festhalten, während derweil die 40-Jährigen fortfahren, den Berufsfeminismus zu etablieren?« (ebd. 109).

»Mädchen wachsen heute in dem Gefühl auf, dass sie gleichberechtigt sind und ihnen später alle Türen offen stehen – oder zumindest genau so viele wie den Burschen«, so heißt es in einem Standardartikel vom 23./24.April 2005 zum Thema »Gleichberechtigung«. »Die Frauenbewegung erscheint ihnen oft antiquiert, denn deren Ziele sind ja vermeintlich schon erreicht. Das böse Erwachen kommt erst nach dem Schulabschluss, bei Studentinnen oft erst nach dem Examen: dass ihre Berufs- und Aufstiegschancen schlechter sind und Frauen nach wie vor für gleiche Arbeit weniger Geld bekommen als männliche Kollegen« (*Der Standard*, 23./24. April 2005).

Diese Einzelbeispiele aus einer umfangreichen Diskussion[22] zeigen unterschiedliche Zugangsweisen zum Thema »Feminismus heute« auf. Die zitierten Meinungen sind geeignet, jenen Hintergrund zu beleuchten, vor dem ich mich im nächsten Abschnitt mit dem Ergebnis meiner Recherchen zur Frage »Feministisch alt werden?« auseinandersetze. Damit kehre ich zurück zum Thema »alte Frauen und Feminismus«.

---

22 Das breite Spektrum der Diskussion ist damit nicht auch nur annähernd vollständig dargestellt.

## Resümee zu »Feministisch alt werden?«

»Es ist eine ›mythische Pflicht‹, das Alter im Feminismus zu verdrängen, denn er darf ja ebenso wenig altern wie seine Vertreterinnen.« (Gerburg Treusch-Dieter 2004, aus privater Korrespondenz) Die Ergebnisse meiner Untersuchungen zu der Frage »Feministisch alt werden?« haben im Wesentlichen meine Vorannahmen bestätigt (siehe Abschnitt 1), wiewohl ich mich über die Widerlegung meiner skeptischen Ausgangsposition sehr gefreut hätte.

Die von mir interviewten Frauen hatten – mit einer Ausnahme, die sich auf Lateinamerika bezieht – von einem feministisch motivierten Eintreten für alte Frauen nichts bemerkt. Zu einschlägiger Literatur befragt, gab es den Hinweis auf einige Themenhefte von Zeitschriften. Keine der Frauen sah sich zum Zeitpunkt der Befragung veranlasst, aktiv auf die Suche nach Literatur zum Thema »Frau und Alter« zu gehen. Dieses mangelnde Interesse korrespondiert offensichtlich mit der Schwierigkeit, in Programmen von Frauenverlagen gesellschaftspolitisch relevante, kritische Buchveröffentlichungen zu dieser Thematik ausfindig zu machen (vgl. Fußnote 19).

Und das Resultat der Untersuchung von explizit feministisch ausgerichteten Zeitschriften? So wie in den Interviews gab es auch hier Hinweise auf die »Kämpferinnen«, die »Pionierinnen«, vor allem solche aus der Zeit der Ersten Frauenbewegung. Diese alten Frauen sind hoch angesehen, dienen als Vorbilder, wurden befragt, sofern sie jeweils noch lebten, und geehrt. Mit der Lebensrealität jener Frauen, die die Zweite Frauenbewegung gestaltet haben und gestalten, hat das eher wenig zu tun. Dies ist abzulesen an den Analysen der Zeitschriften-Jahrgänge 1991 bis 2000.

Das Zitat am Beginn dieses Abschnitts ist eine mögliche Erklärung bzw. Begründung für die Abstinenz des Feminismus in Bezug auf die Gruppe der alten Frauen. Ich halte es jedenfalls für notwendig, nach weiteren Erklärungen zu suchen.

Schon die im vorigen Abschnitt angestellten Überlegungen zum Thema der »Generationen« in der Frauenbewegung ermöglichen einen genaueren Blick. Dieser wird noch mehr geschärft durch die Auseinandersetzung damit, wie »Ageismus« auch unter Frauen und unter alten Frauen besteht und sich auswirkt.

Unter Bezugnahme auf US-amerikanische Autorinnen, nämlich Barbara MacDonald/Cynthia Rich (1983) sowie Baba Copper (1988)[23], greift Andrea Blome (1994, 154ff) diese Diskussion auf.

»›Ageism‹ wurde der Frauenbewegung aufgeprägt mit dem Begriff der ›Schwesterlichkeit‹. Wenn wir Schwesterlichkeit akzeptieren, akzeptieren wir ein Klassensystem. (…) Wir entließen Mütter und Großmütter als Outsiderinnen aus der Bewegung. Wir schlossen ältere Frauen aus dem Kampf um Freiheit … aus …« (MacDonald/Rich nach Blome 157).

Dieser Ansatz benennt ausdrücklich Ageismus innerhalb der feministischen Bewegung. Um diesen »Is-mus« unter Frauen zu begreifen, wird auf das »patriarchale Familienmodell« verwiesen. Es handelt sich vor allem um dessen altersspezifische Differenzierungen für Frauen: »Jüngere Frau = Tochter. Ältere Frau = Mutter. Alte Frau = Großmutter.« Mit solchen Rollenzuschreibungen sind Wertungen verbunden. Diese erschweren es, »eine alte Frau anders zu sehen als nur als Großmutter, eine junge Frau anders als nur als Tochter, Rollen, mit denen gesellschaftliche Aufgaben und strukturelle Verhinderungen unweigerlich einhergehen« (ebd. 156). Mit den Rollenzuweisungen an Großmütter, Mütter und Töchter werden wesentliche Probleme aufgezeigt für die Auseinandersetzung mit dem Thema »Alter«. Copper (lt. Blome) nennt als Folge von »ageism« unter Frauen die weitgehende Unsichtbarkeit alter Frauen und ihrer Erfahrungen, die Entsexualisierung alter Frauen und ihre Ausgrenzung (ebd. 159). Wenn alte Frauen diese ihre Situation benennen wollen, sind sie »mit dem Problem konfrontiert, die Legitimität einer Auseinandersetzung über Verhältnisse, die bis dahin niemand in Frage gestellt hat, zu beweisen« (ebd.)

Ageismus unter Frauen – auch unter feministisch eingestellten Frauen: Eine Überraschung? Ein Skandal? Doch aus welchem

23 Blome zitiert diese Literatur in eigener Übersetzung.

Grund sollte es ihn nicht geben? Wie könnte es denn anders sein in einer Gesellschaft, deren Einstellung Alter, Altern und insbesondere alten Frauen gegenüber so sehr von Ignoranz und Ablehnung geprägt ist? Angehörige diskriminierter Gruppen müssen sich immer auch damit auseinandersetzen, dass die jeweilige Herabsetzung Teil ihres Selbstbildes geworden ist. Frauen sind nicht unbedingt »frauenfreundlich« eingestellt, alte(rnde) Menschen ebenso viel oder so wenig »altersfreundlich«. Wie sollten junge Menschen in einer Gesellschaft der »Jungen und Schönen« ein besonderes Interesse für Alte entwickeln?

Ich halte den Erklärungsansatz des Ageismus für den entscheidenden Hinweis in Verbindung mit dem Ergebnis, zu dem meine Arbeit geführt hat: Im Kontext feministischen Denkens und Handelns sind alte Frauen nicht wesentlich weniger von Unsichtbarkeit betroffen, als sie es im gesamtgesellschaftlichen Umfeld sind.

Abschließend möchte ich zwei namhafte verdienstvolle Feministinnen zu Wort kommen lassen – da ich denke, beide bringen auf unterschiedliche Weise jene Schwierigkeiten zum Ausdruck, die »der« Feminismus mit »den« alten Frauen hat.

Alice Schwarzer, EMMA-Chefredakteurin, geb. 1942, äußerte sich in einem Interview u.a. zum Thema Alter[24]. Angesprochen auf ihren bevorstehenden »drohenden« 60. Geburtstag sagte sie:

»Ganz ehrlich gesagt, ich finde, sechzig hört sich alt an. Und mir geht es wie vielen: Ich habe gar nicht bemerkt, dass ich älter geworden bin. Das geht so schnell. Aber ich habe ja das Glück, dass gerade eine Welle scharfer 60-Jähriger hochbrandet: von Hannelore Elsner bis Tina Turner. Sie alle finden es selbstverständlich, auch mit 60 noch begehrenswert zu sein. Ehrlich gesagt, ich sehe das nicht anders. Ich melde mich noch lange nicht ab, auch auf diesem Terrain nicht.«

Alice Schwarzer, immer wieder auch als Ikone des Feminismus bezeichnet, drückt damit m. E. weniger das Selbstbewusstsein einer durchaus älteren Frau aus, sondern erweist vielmehr ihre

Reverenz an jene Ideologie von Jugendlichkeit, wie sie eben auch in der EMMA immer wieder festzustellen ist.

Luise Pusch, feministische Sprachwissenschaftlerin, geb. 1944, äußert sich in einem Artikel[25] zur Situation der nicht mehr jungen Feministinnen:

»Wir sind in die Jahre gekommen. Das ist strategisch zwar ein Vorteil, denn viele von uns haben an Macht und Einfluß gewonnen und ganz besonders an Erfahrung. Aber optisch und imagemäßig ist das Älterwerden natürlich ein entscheidender Fehler. Im Zeitalter des Jugend- und Schönheitswahns werden wir Pionierinnen aus den flotten siebziger Jahren nunmehr als ›scheintot‹, ›Grufties‹, ›Femi-Omas‹ … eingeordnet.«

Sie stellt fest, dass »die Frauenbewegung insgesamt nicht mehr nur die übliche Frauenfeindlichkeit (trifft), sondern es kommt auch noch die Altersfeindlichkeit der modernen Gesellschaft hinzu.« Innerhalb der Frauenbewegung ortet Pusch zwar einen Generationenkonflikt, eine »neue Beziehung zwischen ›Müttern‹ und ›Töchtern‹ … mit allen Problemen und Chancen«, sieht aber auch eine neue Generation heranwachsen. Puschs Resümee ist weder resignierend noch beschönigend, und es verbindet Kritik mit Humor. Pusch benennt das Zusammentreffen von Ageismus und Sexismus deutlich und verweist auf die Generationenfrage. Doch Ageismus unter Frauen in feministischen Kontexten kommt auch bei ihr nicht zur Sprache.

25»Wenn aus Schwestern Mütter werden«, in: SCHLANGENBRUT 1999/70

## Rückblick und Ausblick

Zu Beginn der 2000er Jahre schien sich abzuzeichnen, dass das Thema »Frau und Alter« in der Öffentlichkeit einen zunehmenden Stellenwert erlangte. In Wien zum Beispiel fanden 2002 zwei große Tagungen statt, ebenso eine in Salzburg 2003. Diverse Initiativen boten Veranstaltungen und Seminare an, einige Male wurde ich als Referentin dazu eingeladen[26]. Feministische Zeitschriften gaben Nummern mit entsprechenden Themenschwerpunkten heraus. All dies motivierte mich, mein Forschungsanliegen weiter zu verfolgen.

So führte ich die Interviews, analysierte die Karikaturen und untersuchte feministische Medien. Hier bezog ich mich auf Ausgaben der neunziger Jahre, nicht zuletzt da ich herauszufinden hoffte, dass im feministischen Kontext bereits früher eine Auseinandersetzung mit meinem Forschungsthema stattgefunden haben könnte.

Insgesamt waren meine Ergebnisse dann doch enttäuschend.

Das zunächst scheinbar anwachsende öffentliche Interesse am Thema »Frauen und Alter« ist inzwischen eher abgeebbt. Doch hat die Ernüchterung mein Engagement nicht geschmälert. Im Gegenteil: Ich habe einen interessierten und interessanten Verlag gefunden, und aus meiner Dissertation ist dieses Buch geworden. Meine Forschungen wurden als Pionierleistung gewertet, denn bislang liegen im deutschsprachigen Raum keine vergleichbaren umfassenden wissenschaftlichen Untersuchungen zu dem Thema vor.

---

26 Beispiele: Juli 2000, 2. Österreichische Frauensynode, Alpbach, bzw. Nov. 2001, Linz: Konstituierung einer (Österreich weiten) Arbeitsgruppe »Feministisch alt werden«. Februar 2002, Kardinal König-Haus Wien: Studientag »Ich bin eine alte Frau«. Februar 2002, BMSG und Europäisches Zentrum für Wohlfahrtspolitik und Sozialforschung, Wien: Tagung »Chancengleichheit für alte Frauen«. April 2002: Jahrestreffen pensionierter Pastoralassistentinnen der Diözese Wien, Thema »Frau sein, alt sein – Last und Lust«. März 2003 Bildungshaus St. Virgil, Salzburg: »Im Lebensalter zuhause sein«. März 2004, Literarisches Forum der KA Wien: Zwei Abende zum Thema »Altweiber G'schichten«

In meinem Ausblick möchte ich auf bereits zitierte Autorinnen noch einmal zurückgreifen. Blome vertritt zwar das feministisch-theologische Spektrum, doch kann das Resümee ihrer Arbeit aus dem Jahr 1994 m. E. durchaus umfassend auf feministische Kontexte bezogen werden. Die Frage nach dem Alter von Frauen und »der damit verbundenen ›Stereotypisierung‹ und ›Diskriminierung‹« sieht Blome als eine Herausforderung an die »Rede von der Befreiung der Frau«. Voraussetzung ist, die Lebensrealität im Alter »in allen ökonomischen, sozialen, politischen, ideologischen, kulturellen und individuellen Facetten« aufzuzeigen. Weiters fordert Blome das »Sichtbarmachen der eigenen Beteiligung an der ›Stereotypisierung‹ und ›Diskriminierung‹ alter Frauen.« Diese »Mittäterschaft«[27] von Frauen besteht lt. Blome zunächst darin, dass altersspezifische Benachteiligungen aus der feministischen Forschung ausgeblendet werden. Sie beruht ferner auf »scheinbar altersunspezifische(n) Frauenbilder(n)«, auf der »Verschleierung der besonderen Lebens- und Erfahrungsqualitäten alter Frauen« sowie auf »unhinterfragte(n) Vorurteilen oder Mythologisierung des Alters« (Blome 162).

Einen weiteren Impuls gibt Beck-Gernsheim, die ihren Artikel zu »Generation und Geschlecht« aus dem Jahr 1996 mit folgender Feststellung abschließt: »Ohne Geschlechtervertrag kein Generationenvertrag. Die Zukunft des Generationenvertrags wird davon abhängen, ob es gelingt, das Geschlechterverhältnis neu zu gestalten« (Beck-Gernsheim, 41). Damit wird die Politik insgesamt in die Pflicht genommen.

Forderungen wie diese haben bis heute nicht an Aktualität eingebüßt – bedauerlicherweise zeichnet sich eben auch im feministischen Kontext derzeit keine weiterführende Auseinandersetzung mit dem Thema ab.

Doch möchte ich mit einem optimistisch stimmenden Zitat von (wiederum) Luise Pusch aus dem Jahr 1993 schließen:

»Die gute alte ›neue Frauenbewegung‹ mag ihre Hitzewallungen haben – aber sie ist nicht hormoniesüchtig – und tot schon gar

27 nach Christina Thürmer-Rohr 1990, EH.

nicht. (...) Und daher befinde ich mich im Zeitalter der Frauen-bewegung. Und zwar permanent« (Pusch 123).

In diesem Sinne verstehe ich meine Arbeit und damit dieses Buch als ein (Lebens-) Zeichen, mit dem ich anregen möchte zu einem Umdenken, zu politischem Handeln sowie zu weiteren Untersuchungen, die sich auf die Zeit nach 2000 konzentrieren.

## Postskriptum

Nicht nur im Kontext des Feminismus bleiben Fragen nach dem Umgang mit dem Thema »Alter/n« zumindest derzeit offen.

Meine Arbeit stellt einen Ausschnitt aus einem noch jungen Forschungsprogramm – nicht nur im Rahmen der Soziologie, sondern auch anderer wissenschaftlicher Disziplinen – dar, das unter den Begriff »Älterwerden« subsumiert werden kann.

Was das Altern ganzer Bevölkerungen und die Auswirkungen dieser demographischen Entwicklung bedeuten und bewirken werden, kann nur in Ansätzen prognostiziert werden. Die Herausforderungen, die diese Veränderungen implizieren, richten sich zunächst an die Verantwortlichen in allen gesellschaftlichen Gestaltungsbereichen, in der Folge betreffen sie jedoch auch die erwachsenen Angehörigen aller Altersgruppen der Bevölkerung.

# Literatur

ACKERMANN Friedhelm, »Die Modellierung des Grauens«, in: Garz D., Krainer K. (Hg.), Die Welt als Text, Theorie, Kritik und Praxis der Objektiven Hermeneutik. Frankfurt/M. 1994, 195-225

Ältere Menschen – Neue Perspektiven. Seniorenbericht 2000: Zur Lebenssituation älterer Menschen in Österreich. Hg.: Bundesministerium für soziale Sicherheit und Generationen. Wien 2000

AN.SCHLÄGE, Feministisches Magazin für Politik, Arbeit, Kultur. Herausgeberinnen und Verlegerinnen: Check.Art. Verein für Feministische Medien und Politik. Wien

BACKES Gertrud M., »Frauen zwischen ›alten‹ und ›neuen‹ Alter(n)s-risiken«, in: Naegele G., Tews H.P. (Hg.), Lebenslagen im Strukturwandel des Alters. Alternde Gesellschaft – Folgen für die Politik. Opladen 1993

BACKES Gertrud M., Clemens Wolfgang, Lebensphase Alter. Eine Einführung in die sozialwissenschaftliche Alternsforschung. Weinheim und München 1998

BACKES Gertrud M., »›Geschlecht und Alter(n)‹ als künftiges Thema der Alter(n)ssoziologie«, in: Backes G.M., Clemens W. (Hg.), Zukunft der Soziologie des Alter(ns). Opladen 2002, 111-148

BACKES Gertrud M., Ringvorlesung »Alter(n) – Aufbruch in die Zukunft«, Universität Wien, Vortrag 12.11.2004

BALTES Margret M., Produktives Leben im Alter: »Die vielen Gesichter des Alters – Resümee und Perspektiven für die Zukunft«, in: dies. und Leo Montada (Hg.), Produktives Leben im Alter, Frankfurt/M. – New York, 1996, 393ff

BEAUVOIR Simone de, Das Alter. Reinbek 2000 (NA); (Paris 1970)

BECK-GERNSHEIM Elisabeth, »Generation und Geschlecht«, in: E. Liebau und Ch.Wulf (Hg.), Generation. Versuche über eine pädagogisch-anthropologische Grundbedingung. Weinheim 1996, 24ff

BIRKENSTOCK Eva, Hoffnungsloser Skeptizismus, in:
Die Philosophin Nr. 21, Mai 2000, 55f

BLOME Andrea, Frau und Alter. Alter – eine Kategorie feministischer Befreiungstheologie. Gütersloh 1994

CACIOPPO Britta/RIEGER Astrid Jane, Symposium 30 Jahre
AUF – Eine Frauenzeitschrift. Eine Reflexion der AUF-Frau-
en der neuen Generation, in: AUF Nr. 124, Wien, Juni 2004,
26f

ÇINAR Dilek, »Differenziert betrachtet«, in: *Der Standard*
Album, 21./22.6.2003

COPPER Baba, Over the Hill. Reflections on Ageism between
Women. California 1988

Der Apfel, Rundbrief des Österreichischen Frauenforums Femi-
nistische Theologie. Herausgeberin und Medieninhaberin:
Österreichisches Frauenforum Feministische Theologie,
Wien (seit 1998)

*Der Standard*, Album, 18./19.12.2004, »Das ist nur menschlich«

*Der Standard*, 8.3.2005, S. 25, »Niemand will den Seniorenteller«

*Der Standard*, Album, 23./24.4.2005, »Über Mädchen- und
Burschenfächer«

DICK Hildegunde, Die autonome Frauenbewegung in Wien.
Entstehung, Entfaltung und Differenzierung von 1972 bis
Anfang der 80er Jahre. Dissertation Universität Wien 1991

Die Philosophin, Forum für feministische Theorie und Philosophie, Hginnen.: A. Deubler-Mankowsky, U. Konnertz;
Tübingen (seit 1990)

DOMIN Hilde, Wozu Lyrik heute. Dichtung und Leser in der
gesteuerten Gesellschaft. Frankfurt/M. 1993 (München 1971)

EMMA, Das Magazin von Frauen für Frauen, Hgin.: Alice
Schwarzer, Köln (seit 1977)

FRIEDAN Betty, Mythos Alter. Reinbek bei Hamburg 1997
(1995); (New York 1993)

FROSCHAUER Ulrike/LUEGER Manfred , Das qualitative
Interview zur Analyse sozialer Systeme. Wien 1992

GEBER Eva, »Feminismus und Frauenbewegung«, in: AUF –
Eine Frauenzeitschrift, Nr.117, Wien, September 2002, 4ff

GEIGER Brigitte, »Autonome Frauenzeitschriften in Österreich und die Bewegung der Frauen«, in: Feministische Studien, Hg.: U. Gerhard et al., Weinheim/Hannover, Heft 1, 1989, 132ff

GEIGER Brigitte, »Feministische Zeitschriften«, in: kolloquiA, Frauenbezogene/ feministische Dokumentation und Informationsarbeit in Österreich/frida, Verein zur Förderung und Vernetzung frauenspezifischer Informations- und Dokumentationseinrichtungen in Österreich, Hg. H. Klösch-Melliwa, Band 11, Wien 2001, 385ff

GLASER G. Barney/STRAUSS Anselm L., Grounded Theory. Strategien qualitativer Forschung, Bern/Göttingen 1998. 117ff; (New York 1967)

GÖCKENJAN Gerd, Das Alter würdigen. Altersbilder und Bedeutungswandel des Alters. Frankfurt/M. 2000

GOFFMAN Erving, Geschlecht und Werbung. Frankfurt/M. 1981; (New York 1977)

GRIMM Jakob und Wilhelm (Brüder Grimm), Märchen. Insbesondere: Die Gänsehirtin am Brunnen

GRIMM Jakob und Wilhelm, Deutsches Wörterbuch. (Leipzig 1854), München 1991, Band 28, 1039

HANA Doris et al., Die Darstellung von geschlechtsspezifischen Zuschreibungen im Zusammenhang mit Gesundheitsthemen in Printmedien, Forschungspraktikum »Frauengesundheit/ Männergesundheit«, Endbericht WS 1999/2000. Institut für Soziologie, Fakultät für Grund- und Integrativwissenschaften, Universität Wien (Schriftenreihe Nr. 39 Dez. 2000)

HAUG Frigga (Hg.), Historisch-Kritisches Wörterbuch des Feminismus, Bd. 1, Hamburg 2003

HAUSEN Karin, »Die Polarisierung der ›Geschlechtscharaktere‹ – Eine Spiegelung der Dissoziation von Erwerbs- und Familienleben«, in: Werner Conze (Hg.), Sozialgeschichte der Familie in der Neuzeit Europas, Stuttgart 1976, 363-393

HEITZMANN Karin, »Frauenarmut in Österreich: Geschlechtsspezifische Ungleichheiten in der Armutspopulation«, in: dies. und Angelika Schmidt (Hg.), Wege aus der Frauenarmut,

Wien 2004, Band 14 der Reihe Frauen, Forschung und Wirtschaft, (Hg. R. Bendl, K. Heitzmann, A. Schmidt), 59f

HELLMICH Elisabeth, Das Bild alter Frauen in der Werbung (Printmedien), Hausarbeit, Wien 1997, unveröffentlicht

HELLMICH Elisabeth, »Forever young? Die ›Unsichtbarkeit‹ alter Frauen, insbesondere im Kontext des Feminismus«. Dissertation, Institut für Soziologie, Fakultät für Human- und Sozialwissenschaften, Universität Wien, November 2005

JAEGGI Eva, Viel zu jung um alt zu sein. Das neue Lebensgefühl ab sechzig. Reinbek bei Hamburg 1996

JUNG Thomas et al., »Wovon das Schlafzimmer ein Zeichen ist«, in: Hartmann H.A., Haubl R. (Hg.), Bilderflut und Sprachmagie, Fallstudien zur Kultur der Werbung. Opladen 1992, 245-265

KALNY Eva, »Gefährliche Kreuzung. Mehrfach diskriminierte Frauen«, in: Frauensolidarität Nr. 77, Heft 3/2001, 13f., Wien

KLINGER Cornelia, »Andere Kämpfe – andere Leiden. Überlegungen zu einem andersartigen Verständnis von Differenz im Feminismus«, in: Feministische Theorie und Frauenforschung, Mitteilungen des Instituts für Wissenschaft und Kunst, Wien, 3/1991, 2ff

KRAMER, Undine, »AGEISMUS – Zur sprachlichen Diskriminierung des Alters«, in: Reinhard Fiehler, Caja Thimm (Hg.), Sprache und Kommunikation im Alter. Radolfzell 2003, 257-277

KYTIR Josef/MÜNZ Rainer , »Demografische Rahmenbedingungen: Die alternde Gesellschaft und das älter werdenden Individuum«, in: Ältere Menschen – neue Perspektiven. Seniorenbericht 2000: Zur Lebenssituation älterer Menschen in Österreich. Wien 2000, 22ff

LAMNEK Siegfried, Qualitative Sozialforschung, Band 2. München 1989 (insbesondere 74-78 Das problemzentrierte Interview, 207-218 Die qualitative Inhaltsanalyse nach Mayring)

LISSNER Anneliese, Rita Süssmuth, Karin Walter (Hg.), Frauenlexikon. Wirklichkeit und Wünsche von Frauen. Freiburg-Basel-Wien 1988/1991, 898ff

MACDONALD Barbara/RICH Cynthia, Look Me in the Eye. Old Women, Ageing and Ageism. San Francisco 1983

MAIWALD Andrea (Universität Basel), »Geschlecht als Existenzweise«. Vortrag an der Universität Wien, Institut für Philosophie, 28.1.1.2002

MÜLLER-DOOHM Stefan, »Visuelles Verstehen – Konzepte kultursoziologischer Bildhermeneutik«, in: Jung Th., Müller-Doohm St. (Hg.), ›Wirklichkeit‹ im Deutungsprozeß: Verstehen und Methoden in den Kultur- und Sozialwissenschaften Frankfurt/M. 1993, 438-457

MÜLLER-DOOHM Stefan, Bildinterpretation als struktural-hermeneutische Symbolanalyse, in: Hitzler R., Honer A. (Hg.), Sozialwissenschaftliche Hermeneutik. Opladen 1997, 81-108

NAGL-DOCEKAL Herta, Universität Wien, Vorlesung »Feministische Ethik« WS 1998/99

NAGL-DOCEKAL Herta, Feministische Philosophie. Ergebnisse, Probleme, Perspektiven. Frankfurt/M. 1999/2000

NIEDERFRANKE Annette/NAEGELE G./FRAHM E., »Altern. Lernen. Ein Vorwort«, in: Niederfranke A. et al, Funkkolleg Altern 1, Die vielen Gesichter des Alterns. Opladen/Wiesbaden 1999,7-10 (Niederfranke 1999a)

NIEDERFRANKE Annette/SCHMITZ-SCHERZER Reinhard, FILIP Sigrun-Heide, »Die Farben des Herbstes. Die vielen Gesichter des Alters heute«, in: Niederfranke A., G. Naegele, Eckart Fram (Hg.), Funkkolleg Altern 1. Die vielen Gesichter des Alterns. Opladen/Wiesbaden 1999,11-50 (Niederfranke 1999b)

NIEDERFRANKE Annette, »Das Alter ist weiblich. Frauen und Männer altern unterschiedlich«, in: dies. et al. (Hg.), Funkkolleg Altern 2. Lebenslagen und Lebenswelten, soziale Sicherung und Altenpolitik. Opladen/Wiesbaden 1999,11-52 (Niederfranke 1999c)

Österreichischer Seniorenbericht 2000: siehe Ältere Menschen – Neue Perspektiven

OLBRICH Erhard, »Die Großelterngeneration«, in: Eckart Liebau und Christoph Wulf (Hg.), Generation. Versuche über eine pädagogisch-anthropologische Grundbedingung. Weinheim 1996, 58ff

OPPITZ Martin, »Die Lage älterer Menschen aus wirtschafts- und sozialstatistischer Sicht«, in: Ältere Menschen – neue Perspektiven. Seniorenbericht 2000: Zur Lebenssituation älterer Menschen in Österreich. Wien 2000, 164ff

POSCH Waltraud, Körper machen Leute. Der Kult um die Schönheit. Frankfurt M. 1999

profil, Das unabhängige Nachrichtenmagazin Österreichs, Nr. 38, 33. Jg., 23.9.2002, 118ff

profil, Das unabhängige Nachrichtenmagazin Österreichs, Nr. 24, 35. Jg., 2.6.2004, 74

PUSCH Luise F., »Wenn aus Schwestern Mütter werden: Die Frauenbewegung im reiferen Alter«, in: dies., Die Frau ist nicht der Rede wert. Frankfurt M. 1999

RICHTER Rudolf, Visuelle Soziologie. »Das Beispiel Photographie«, in: Photographie und Gesellschaft, 43/4, Wien 1989, 50-58

ROHDE-DACHSER Christa, Expedition in den dunklen Kontinent. Weiblichkeit im Diskurs der Psychoanalyse. Frankfurt/M. 1991/1997

ROSENKRANZ Karl, Ästhetik des Häßlichen. Königsberg 1853

ROSENMAYR Leopold und Hilde, Der alte Mensch in der Gesellschaft. Reinbek 1978

ROSENMAYR Leopold, Die späte Freiheit. Berlin 1983

ROSENMAYR Leopold, Universität Wien, Seminarunterlagen WS 2002/2003 »Lebenslauf und Generationen«

Rundbrief des österreichischen Frauenforums Feministische Theologie, Innsbruck (bis 1998)

SCHLANGEN.BRUT, streitschrift für feministisch und religiös interessierte frauen. vierteljährliche nachrichten aus paradies und fegefeuer, Münster (jetzt Bonn)

SCHNEIDER Franz, Die politische Karikatur. München 1988

SCHOPENHAUER Arthur, »Metaphysik der Geschlechtsliebe«, in: ders., Die Welt als Wille und Vorstellung, 2. Band, Kapitel 44, 607ff . Sämtliche Werke (Hg. Arthur Hübscher), 3. Band, 3. Auflg., Wiesbaden 1972

Seniorenbericht 2000: Zur Lebenssituation älterer Menschen in Österreich. »Ältere Menschen – Neue Perspektiven«. BM. f. Soziale Sicherheit und Generationen, Wien 2000

SGIER Irena, Aus eins mach zehn und zwei lass gehen. Zweigeschlechtlichkeit als kulturelle Konstruktion. Bern 1994

SHERTZER-HOFMANN Roswitha, »Karikatur und Fremdenfeindlichkeit. Versuch einer Offenlegung kollektiver Bedeutungsstrukturen«. Diplomarbeit, Institut für Soziologie, Fakultät für Grund- und Integrativwissenschaften, Universität Wien, SS 1995 (unveröffentlicht)

SPIESS Brigitte, »Weiblichkeitsklischees in der Fernsehwerbung«, in: K. Merten et al. (Hg.), Die Wirklichkeit der Medien. Opladen 1994, 408ff

STOEHR Irene, »Gründerinnen – Macherinnen – Konsumentinnen. Generationenprobleme in der Frauenbewegung der 1990er Jahre«, in: Modelmog I., Gräßl U. (Hg.), Konkurrenz und Kooperation. Frauen im Zweispalt? Münster 1995, 91ff

THIMM Caja, »Geschlechtsspezifische Darstellungen von Alter und Generationenbeziehungen in Medientexten«, in: E. Kilian und S. Komfort-Hein (Hg.), GeNarrationen. Variationen zum Verhältnis von Generation und Geschlecht. Tübingen 1999, 27ff.

THÜRMER-ROHR Christina (Hg.), Mittäterschaft und Entdeckungslust. Berlin 1990

WALKER Barbara G., Die Weise Alte. Kulturgeschichte, Symbolik, Archetypus. München 1986

WEBER Doris, »Wenn Frauen verblühen, verduften die Männer«, in: Publik-Forum Nr. 17, 11.9.1992, 36ff

WITZEL Andreas, Verfahren der qualitativen Sozialforschung, Überblick und Alternativen, Frankfurt/M., New York 1982

WULF Christoph, »Alter und Generation. Historische Relativität, kulturelle Differenz und intergenerativer Austausch«, in: Liebau E., Wulf Ch. (Hg.), Generation. Versuch über eine pädagogisch-anthropologische Grundbedingung. Weinheim 1996, 42-57

# ANHANG

## Zeitschriften

Details und Untersuchungsumfang

## EMMA

Das Magazin von Frauen für Frauen; FrauenverlagsGmbH. Köln, Hgin: Alice Schwarzer; Gründung 1977; Erscheinungsweise: 1991 und 1992 monatlich, seit 1993 Doppelnummern, d.h. zwölf bzw. sechs Hefte pro Jahr
Die Hefte des Jahrgangs 1991 wurden vollständig untersucht. Allen weiteren Recherchen (auch denen der anderen Zeitschriften) wurde die zuvor formulierte Leithypothese zugrunde gelegt. Die weitere Untersuchung der EMMA erfolgte stichprobenartig, und zwar wurde zunächst jedes vierte Heft berücksichtigt (25%). Nach Umstellung der Erscheinungsweise auf Doppelnummern wurde jedes zweite Heft (50%) vollständig untersucht. Da die Hefte ab diesem Zeitpunkt bereits am Cover ersichtliche Themenschwerpunkte aufweisen, wurden auch diese Hauptthemen der anderen 50% in die Analyse einbezogen.

## AN.SCHLÄGE

bzw. an.schläge (Schreibweise geändert seit März 1994). Feministisches Magazin für Politik, Arbeit und Kultur; Herausgeberinnen und Verlegerinnen: Verein Frauen aktiv in Kultur und Arbeitswelt, 1090 Wien, Währingerstr. 59/6. Seit März 1994: Herausgeberinnen und Verlegerinnen: Check.Art. Verein für Feministische Medien und Politik, 1030 Wien, Hetzgasse 42/1; Gründung 1983, eingestellt von Jänner 1992 bis Februar 1994, Neustart mit Heft März 1994; Erscheinungsweise: zunächst monatlich (12 Hefte pro Jahr), seit März 1994 zehn Hefte pro Jahr, Doppelnummern Juli/August und Dezember/Jänner. Alle Hefte des Jahrganges 1991 wurden untersucht. Die weiteren Jahrgänge bis 1999 wurden wieder zu 50% (fünf von zehn Heften, monatsmäßig versetzt) vollständig analysiert, unter Beachtung der Themenschwerpunkte bei der anderen Hälfte der Hefte. Der Jahrgang 2000 wurde auf Grund eines »Relaunch« wieder zur Gänze genau untersucht. Dabei wurde ebenfalls, so wie bei den anderen ausgewählten Zeitschriften, die nach der Analyse des Jahrganges 1991 von EMMA gewonnene Hypothese zu Grunde gelegt.

## SCHLANGENBRUT

streitschrift für feministisch und religiös interessierte frauen. vierteljährliche nachrichten aus paradies und fegefeuer; Herausgeber und Verleger: Schlangenbrut e.V., Postfach 20 09 22, 53139 Bonn ; Gründung 1983. Erscheinungsweise: viermal jährlich. Die Jahrgänge 1991 bis 2000 wurden vollständig untersucht mit Ausnahme des Heftes Nr. 51 (Nov. 1995), das nicht verfügbar war.

## RUNDBRIEF bzw. DER APFEL

Rundbrief: Der so genannte Rundbrief war das Kommunikationsorgan des Österreichischen Frauenforums Feministische Theologie. Diese Organisation wurde 1986 gegründet und ist seit 1989 ein Verein. Lt. Statuten ist der Rundbrief ein »Mittel zur Erreichung des Vereinszwecks«. Zunächst nur kopiert und lose geheftet, haben diese vor allem vereinsinternen Mitteilungen schon vor ihrer Ablöse durch den Apfel (Nr. 3/1998) zunehmend den Charakter einer Zeitschrift angenommen. Nicht immer, jedoch immer häufiger waren die Hefte durch Themenschwerpunkte gekennzeichnet. Impressum: Rundbrief des Österreichischen Frauenforums Feministische Theologie, 5061 Innsbruck, Postfach 694. Erscheinungsweise: viermal jährlich (in den von mir untersuchten Jahrgängen). Alle Exemplare des Rundbriefes der Jahrgänge seit 1991 (Nr. 15) bis 1998 (Nr. 44 und 45) wurden untersucht. Nr. 16 fehlt in dem mir zugänglichen Material.

Der Apfel: Rundbrief des Österreichischen Frauenforums Feministische Theologie; Herausgeberin und Medieninhaberin: Österreichisches Frauenforum Feministische Theologie; Redaktionsadresse: Canisiusgasse 16/2, 1090 Wien. Erscheinungsweise: viermal jährlich; durchgehend Themenschwerpunkte. Alle Hefte Nr. 46 und 47 (restlicher Jahrgang 1998) bis 2000 wurden untersucht.

DIE PHILOSOPHIN
Forum für feministische Theorie und Philosophie; Herausgeberinnen:
Astrid Deubler-Mankowsky (Berlin), Ursula Konnertz (Tübingen);
Redaktion: Ursula Konnertz, Schmiedtorstr. 15, 72070 Tübingen. Verlag: edition discord, Schwärzlocher Str. 104/b, 72070 Tübingen. Gegründet 1990. Erscheinungsweise: halbjährlich. Es handelt sich um
Themenhefte ohne Bebilderung. Sie enthalten neben einem ausführ-
lichen Editorial und den themenspezifischen Beiträgen Berichte z.B.
über Kongresse sowie Buchrezensionen.

**Bildmaterial**

EMMA
1991/Nr. 6 Cover: 19 Bilder zum Thema »20 Jahre neue Frauenbewegung«, eines davon zeigt eine alte Frau (Margarete Mitscherlich)
ABB. B 1 im Bildteil 1991/Nr. 8: Zum Thema »Reportage aus dem
Niemandsland« (betr. Ex-DDR) u.a. ein zweiseitiges Bild mit einer
(ärmlich und einsam wirkenden) alten Frau sowie ein halbseitiges Bild
mit zwei alten Krankenschwestern
1997/ Jan./Feb. Porträts (in Wort und Bild) von zehn »exemplarische
Leserinnen«, davon zeigt eines eine alte Frau (67 Jahre)
1997/Jan./Feb. Karikatur einer alten Frau, die ihr Testament macht

AN.SCHLÄGE
1994/März Cover: Bild einer alten Frau mit Kopftuch zum Thema
»Österreichische Asylpolitik« (gleiches Bild im Heft-Inneren)
1997/Feb. Cover: Bild einer alten Frau zum Thema »Verliererinnen
der Wende. Frauen in Rumänien«, weiteres Bildmaterial im Inneren.
Dort wird die schon auf dem Cover dargestellte Frau als »Bäuerin«
bezeichnet.
1997/Sept. (erstmals) Bild einer alten Frau bei der Eigenwerbung für
Abonnements (mit Hund und Inscriptio »WUFF«)
1998/Sept. Cover: Zum Thema »Pensionistinnenalltag. Zwischen
Power und Depression« Bild einer alte Frau mit Fotoapparat, weitere
Bilder dazu im Inneren

1998/Mai Bild einer alten Frau bei der Eigenwerbung für Abonnements
1999/Feb. Cover mit Bild alter Frau, im Bett liegend, zum Thema »Umsonst ist der Tod. Euthanasie/Hospizbewegung«. Im Inneren weitere Bilder: alte Frauen als Betreute, jüngere als Betreuende
1999/2000 Dez./Jan. Cover: Thema Millennium – Jahrtausendfrauen. Drei Bilder übereinander, in der Mitte eine alte Frau mit Gitarre, Typ »komische Alte«; (Abb. A 12 im Bildteil), gleiches Bild im Inneren unter anderen, welche jüngere Frauen zeigen.

## SCHLANGENBRUT

1992/Mai Cover: Bild einer (indigenen) alten Frau zum Thema »Conquista«
1992/Nov. Cover: Das Bild zum Thema »Religionspädagogik« zeigt drei alte und zwei junge Frauen sowie zwei Mädchen mit Schultüten.
1995/Mai Cover: Das Bild zum Thema »Religiös werden und bleiben« zeigt eine ältere Frau in seltsamer Aufmachung mit langem Kleid, Krone und Kreuz, Typ »skurrile Alte«.
1996/Nov. Cover: Das Bild zum Thema »Sterben und Tod« zeigt eine (alte?) Frau à la »Madame la Morte« (Abb. A 13).
1997 In einer Bildserie viermal jeweils dieselbe alte und junge Frau, dazu Text: »Neue Stadträtin fragt alte um Rat.«

## RUNDBRIEF

1997/Nr. 40 Cover: Bild einer (schönen!) alten Frau mit Subscriptio: Die Hohepriesterin von Smit (ABB A 14)
1998/Nr. 44 Cover: Bild mit acht alten Frauen in dunkler Kleidung mit spitzen Hüten (»Hexenhüten«) an einem Tisch sitzend und (Tee?) trinkend

## DER APFEL

1998/Nr. 47 Foto einer alten Frau am PC (vier unterschiedliche Ausschnitte) zum Thema »praktisch, schnell und inter-nett«
1999/Nr. 50/51 Bild einer alten Frau mit Inscriptio »Mother Jones Arbeiterin und Aktivistin« (inhaltlich unklarer Bezug zu einem daneben stehenden Beitrag über feministische Befreiungstheologie aus Brasilien)

## DANKSAGUNGEN

Viele Menschen haben mich sowohl ideell – mit wertvollen Tipps und Empfehlungen – als auch finanziell bei der Realisierung dieses Buchprojektes unterstützt.

Persönlich danken möchte ich Mag.a Isabella Ehart, Dr.in Elisabeth Hechl, Maria Jonas, Annie van den Nest und Marlies Wilhelm.

Die Erfahrung, in ein Frauen-Netzwerk eingebunden zu sein, dessen einzelne Kontaktstellen und Menschen ich nur zum Teil persönlich kenne, hat mich sehr ermutigt.

Danken möchte ich ferner dem Zeichner Michael Ammann für die Abdruckgenehmigung seiner Karikatur (Schildkröte).

Und herzlich bedanken möchte ich mich auch bei meiner Familie, meinen Freundinnen und bei allen, die sich mit mir über das neue Buch freuen, das nun in die Öffentlichkeit entlassen wird.

# Wir helfen **weiter!**

# 4087066
## FRQUENtELEFON

- **Rechts- und Sozialberatung**
  mit den Schwerpunkten Ehe- und
  Familienrecht, Unterhalt

- **Drehscheibe** zu Wiener
  Beratungs- und Betreuungsangeboten

FRQUEN MA57
**4087066**
tELEFON
StaDt ♥ Wien

**Sie werden diskriminiert aufgrund …**

Ihres Geschlechts
Ihrer ethnischen Zugehörigkeit
Ihrer Religion
Ihrer Weltanschauung
Ihres Alters
Ihrer sexuellen Orientierung

BUNDESKANZLERAMT ÖSTERREICH
GLEICHBEHANDLUNGSANWALTSCHAFT
bei der Bundesministerin für Frauen, Medien und Öffentlichen Dienst

**Gleichbehandlungsanwaltschaft**
kostenlose & vertrauliche Beratung
**0800/206 119**
**www.gleichbehandlungsanwaltschaft.at**

Weitere Titel der Reihe Sachbuch und
unser Gesamtprogramm finden Sie auf
**www.milena-verlag.at**